Mecki, Zotty
und ihre Freunde

Rolf und Christel Pistorius

Mecki, Zotty
UND IHRE FREUNDE

STEIFF-TIERE UND BÄREN 1950 – 1970

Verlag Puppen & Spielzeug

Inhalt:

Titelbild: Original-Teddy (35 cm, US-Zone, 1951-1953); Katze Susi (14 cm, 1960); Zottelbär Zotty (35 cm, 1960); Igelfigur Mecki (28 cm, 1960); Bambi, nach Walt Disney (15 cm; 1955); Rückseite: Die sechs Standardgrößen des Steiff-Zottelbärs Zotty, ab 1951, langer dichter Mohairplüsch, braun/grau gespitzt, superweich gestopft, beige Filzpfoten, -sohlen, offenes beigenes Filzmaul mit roter Schattierung, Nase braun längs gestickt, eingesetzte Kurzmohair-Nase und hellbeige Brust. 17, 22, 28, 35 cm mit Druckstimme; 43 und 50 cm mit Kippstimme.
Fotos: Rolf und Christel Pistorius

Gestaltung: Beppo Würges

Fotonachweis: Alle Abbildungen arrangiert und fotografiert von Rolf und Christel Pistorius

Die Deutsche Bibliothek – CIP Einheitsaufnahme
Rolf und Christel Pistorius
Mecki, Zotty und ihre Freunde
Steiff-Tiere und Bären 1950-1970
Pistorius, Rolf / Pistorius, Christel
Duisburg: Verlag Puppen & Spielzeug 1994
ISBN 3-87463-223-7

Verlag Fachtechnik + Mercator-Verlag
Verlag Puppen & Spielzeug, Duisburg
ISBN 3-87463-223-7

Vorwort

Hätte uns vor 10 Jahren jemand gesagt, daß wir einmal die größte private Steiff-Tier-Sammlung der Welt besitzen würden, wir hätten ihn für verrückt erklärt. 9 Jahre später jedoch ging in über 800 Medien unser Foto, das uns inmitten unserer Sammlung zeigt, um die ganze Welt, mit der Beschreibung „die größte private Steiff-Sammlung der Welt".
Und so fing alles an: Es war 1985, als wir erstmals vom Sammelgebiet Teddybären und Steiff-Tiere hörten. Wir entdeckten auf einem Flohmarkt Steiff-Tiere aus unseren Kindertagen. Als wir dann etwa 20 solcher Kindheitserinnerungen zu Hause wieder ausgruben, war unser Interesse geweckt. Doch der entscheidende Tag in unserer Sammlerkarriere war der 14.4.1985: wir machten den sensationellen Fund von über 100 Steiff-Tieren der 50er und 60er Jahre, welche noch in den Schubladen eines alten Spielwarengeschäftes geruht hatten. Im Sommer 1985 wurden 2.300 Adressen von Spielwarengeschäften in Baden-Württemberg gekauft und danach im vierwöchigen Urlaub sämtliche Geschäfte von Stuttgart bis zum Bodensee aufgesucht. Vielfach wurden wir fündig und konnten noch alte Steiff-Tiere zu damaligen Preisen aufstöbern. Auch bei regelmäßigen Besuchen von Flohmärkten und Spielzeugbörsen waren wir sehr erfolgreich. Unsere Bestandsaufnahme nach genau einem Jahr lautete: 1.000 Steiff-Tiere und -Teddybären. Nun wollten wir Bekannten und Verwandten, die uns wegen unseres Hobbys belächelten, einmal zeigen, wozu begeisterte Sammler wirklich fähig sind. Wir feierten unsere Hochzeit als „Bären-Hochzeit", wie einst der Legende nach die Tochter des Präsidenten Theodore (Teddy) Roosevelt. Die Bären aus der Kindheit durften als Braut und Bräutigam gekleidet mit in die Kirche, ein großer, weißer Bär zierte das Hochzeitsauto, die Tafel war mit Bären geschmückt, der größte Hochzeitsgast ein 2.40 m großer Steiff-Teddy, und alle bis dahin gesammelten Bären wurden in einer kleinen Ausstellung präsentiert. Ein Filmteam nahm an diesem bärigen Ereignis teil.

Rolf und Christel Pistorius mit einem kleinen Teil ihrer Sammlung antiker Steiff-Teddys und -Tiere

Inzwischen veröffentlichten wir Fachartikel für Sammler in internationalen Magazinen. Nach dem Aufbau eines fast kompletten Katalog-Archivs und dem Sammeln von historischen Unterlagen über Steiff konnten wir jederzeit Auskunft geben und galten bald als Sachverständige, Gutachter und Werteinschätzer. Manche aufsehenerregende Teddy-Fälschung wurde von uns schon entlarvt. Ein Erfolg war die von uns ins Leben gerufene Sammler-Beratungsstelle anlässlich einer Messe in Stuttgart 1987, die seitdem in öffentlichen Institutionen alljährlich wiederholt wird. Einnahmen aus Sammlerberatungen fließen noch heute komplett einem guten Zweck zu.
Sonderausstellungen trugen ebenfalls zu weltweiten Kontakten zu Sammlern und Händlern bei. So lockte die vierwöchige Ausstellung „Teddys Traumwelt" im Stuttgarter Rathaus 1989 insgesamt 70.000 Besucher.
Es folgten viele Fernsehsendungen und Fernsehfilme. Eine Besonderheit unserer Samm-

lung ist die speziell eingerichtete Teddybären- und Plüschtierpension. Stark bespielte und abgeliebte Teddys und Tiere, die vor totalem Verfall und dem Mülleimer gerettet wurden, finden hier eine neue Heimat.
Bis heute hat uns dieses Hobby nicht mehr losgelassen. Inzwischen ist unsere Sammlung stark gewachsen, sie zählt rund 3.000 alte Teddybären und Steiff-Tiere. Obwohl sich inzwischen zahlreiche Raritäten aus den Anfängen der Steiff-Geschichte vor 1900 darunter befinden, lieben wir die Sammelstücke aus den 50er und 60er Jahren sehr.
Mit diesem Buch möchten wir andere Sammler an unserem Wissen teilhaben lassen und haben den genau abgestimmten Katalogteil für sie geschaffen. Er gibt einen reich bebilderten Querschnitt der Produkte aus der Zeit von 1950 bis 1970 der Steiff-Spielzeuggeschichte wieder. Wir stellen ausschließlich Steiff-Tiere und -Teddys aus unserer Privatsammlung vor. Die Grundlage zu diesem Fachbuch für Sammler und Liebhaber bilden die in unserem Archiv recherchierten Daten und Produktbeschreibungen. Neben historischen, dokumentierten Abbildungen zeigen wir liebevoll arrangierte Szenen. Auch werden charakteristische Identifizierungsmerkmale hervorgehoben, die für den Sammler von großer Wichtigkeit sind.

Christel und Rolf Pistorius
Stuttgart, Oktober 1994

Erläuterungen zur Gliederung

Sammlerteddys und – tiere
Heute gilt das Sammeln von Plüschtieren als „salonfähig“ und ist schon lange nicht mehr das Vorrecht der Kinder. Das Sammeln von Steiff-Tieren ist keine Frage des Alters. Wer als Erwachsener noch spielen kann – ist jung geblieben.

Geschichtlicher Überblick:
Wer war Margarete Steiff? Ihr Lebensweg von 1847 bis 1909 wird beschrieben. Wie aus der Idee einer an den Rollstuhl gebundenen Frau und einem kleinen Filzelefanten ein Lebenswerk wurde. Nach ihrem Tod führten die Neffen das begonnene Werk weiter und machten es zu einem Weltunternehmen.

Aus dem Tagebuch von Margarete Steiff
Persönliche Erinnerungen, Daten, Empfindungen – Margarete Steiff schreibt: „Das Tagebuch wurde mir geschenkt mit der Weisung, meine Lebensgeschichte dareinzuschreiben; endlich komme ich dazu, damit zu beginnen, glaube aber nicht, daß es etwas Rechtes wird, denn Schriftstellern ist nicht meine Sache. Ich gebe, was ich kann, und meine Eigenen werden mich schon verstehen ...“

Schwäbische Plüsch-Impressionen
Eine ehemalige schwäbische Mitarbeiterin erinnert sich in Dankbarkeit und Verehrung an die Zeit „beim Steiff“, in der fast aus jeder Familie in Giengen und der Umgebung ein Mitglied in der „Bärenfabrik“ seine Verdienstmöglichkeit gefunden hat: ... durch 60 Hände geht jedes Tier.

Die beliebtesten und schönsten Steiff-Tiere
Ist es möglich, das beliebteste Steiff-Tier zu ermitteln? Der Käufer damals und der Sammler heute entscheidet nach den unterschiedlichsten Gesichtspunkten.

Katalog – Teil
Die Tierarten und Gruppen werden in ausführlichen Beschreibungen dargestellt, wobei die Kapitel „Bären“ und „Haus“ und „Hof“ die umfangreichsten sind.
Schöne Fotos mit genauen Bildbeschreibungen zeigen die Vielfalt und den Liebreiz dieses Sammelgebiets. Besonderheiten werden herausgestellt, da die Autoren aus ihrer Sammlerberatungstätigkeit genau wissen, welche Fragen den Betrachter bewegen und worauf es bei den Beschreibungen und Darstellungen ankommt. Folgende Gruppen werden gezeigt: Bären und Teddys, Haus, Hof, Wald und Feld, Wasser und Ufer, Wildtis, Vögel, Puppen und Figuren, Handspieltiere und -puppen, Wollminiaturen.

Original-Teddy, 28 cm, 1958

Cockerspaniel Cockie, 18 cm, 1951

Schlenkerpupen
links: Sandy,
29 cm, 1965
rechts: Cappy,
28 cm, ab 1963

Handspielpuppe
Schneemann
Sneba, nur 1964

oben: Tiger, 22 cm,
ab 1959
unten: Löwe, Leo,
22 cm, ab 1958

Das Fertigungsprogramm der 50er Jahre
Nicht jeder Sammler von textilem Spielzeug ist auch gleichzeitig Stoffexperte oder kennt sich mit dem Innenleben von Stoff-Tieren aus. Wie die Tiere in den 50er Jahren hergestellt wurden, beschreibt dieses Kapitel.

Herstellungsbedingte Merkmale
Warum sieht kein Steiff-Teddy und kein Steiff-Tier dem anderen genau gleich ? Oftmals entscheiden Millimenter über das Aussehen eines Plüschtieres.

Markenzeichen –
Knöpfe, Fahnen, Halsmarken
Es gibt vielerlei Möglichkeiten, anhand von Markierungen Steiff-Tiere zu erkennen und zeitlich einzuordnen.

Nummernsystem und Größen
Was besagen die Nummern auf den Ohrfahnen ?

„Worn condition" bis „excellent condition"
Jeder Sammler bertrachtet den Erhaltungszustand seiner Tiere aus einem anderen Blickwinkel.

Pflege und Aufbewahrung
Steiff-Tiere und Teddybären bedürfen keiner aufwendigen Pflege. Es gibt wohl selten die Aussage: „Kein Platz für Tiere", denn diese Dinge lassen sich fast problemlos aufbewahren, vorausgesetzt es werden einige wichtige Regeln eingehalten. Tips zur richtigen Handhabung einer Steiff-Sammlung mit kleinen Reparatur- und Pflegeanleitungen aus eigener Erfahrung der Autoren.

Schluß-Betrachtung:
Sammeln um jeden Preis?
Als 1985 die Medien über Rekordpreise für alte Steiff-Teddybären und -Tiere berichteten, grassierte die Sammelleidenschaft für diese Schmusetiere in Europa noch nicht lange. Sammler gerieten in Panik, daß ihr Hobby unerschwinglich würde. Hier werden Tips und eigene Erfahrungen von den Autoren an die Sammler weitergegeben.

Register
Alphabetische Reihenfolge von Begriffen, Abkürzungen, Namen, Tieren etc.

Sammlerteddys und -tiere für Kinder und Erwachsene

Der erzieherische Wert von Plüschtieren kann kaum hoch genug geschätzt werden. Es sind oft Kleinigkeiten, die den Ausdruck eines Plüschtieres beeinflussen. Unbestechlich ist das Empfinden eines Kindes beim Anblick seines ausgewählten Spielzeugs. Lebendig muß es wirken und natürlich. Aber auch der Erwachsene muß sofort beim Betrachten eines Teddys oder Tieres im Unterbewußtsein spüren – das ist es, was mir meine Erinnerung an mein eigenes Spieltier zurückbringt. Die ersten Sekunden sind oft entscheidend für einen Kauf.

Die Anzahl der von Steiff kreierten Produkte ist sehr groß. In der 110-jährigen Firmengeschichte wurden jährlich (ausgenommen Kriegs- und Krisenzeiten) immer wieder Neuheiten zusätzlich zum Standard-Verkaufsprogramm vorgestellt. Der Wettbewerbsdruck in der Spielzeugindustrie sowie der Zeitgeschmack erforderten schon sehr früh immer wieder Neues. Einige dieser Neuheiten wurden von den Kunden nicht so stark beachtet, so daß sie nur in geringen Stückzahlen produziert und oftmals nur ein Jahr lang angeboten wurden. Diese Steiff-Produkte sind heute ebenso Raritäten wie unbespielte Dinge aus der Zeit vor 1950. Aber das Alter muß nicht unbedingt ausschlaggebend sein, denn es gibt auch Raritäten der 80er Jahre.

Tiere mit Halsmechanik, Musikwerk oder kompliziertem Stimmenmechanismus, die aufwendig in der Herstellung und somit teuer waren, sind ebenfalls sehr rar. Dies gilt auch für nicht alltägliche Kreationen. Produkte mit aufwendigem Schnitt (unterschiedliche Stoffe) sowie komplett gekleidete Tiere gehören auch zu den seltenen Exemplaren. (Die Liste der Steiff-Raritäten scheint unendlich und es ist sehr schwer, eine Auswahl zu treffen.)

Die beliebtesten Steiff-Tiere der Nachkriegszeit gehören unbedingt in eine Steiff-Tier-Sammlung. Es ist auch interessant, eine ausgewogene Sammlung schöner und beliebter Tiere der 50er, 60er und 70er Jahre zu besitzen und nicht nur Exoten.

Zu den beliebtesten Sammelobjekten gehört der Teddybär. Haus- und Hoftiere waren schon vor 1900 im Steiff-Verkaufsprogramm aufgeführt. Hunde zählten immer zur größten Tier-Gruppe im Steiff-Sortiment. Gekleidete Tiere sind bis auf den Waldili (Meckis zählen zu den Figuren und sind sehr häufig) besonders in unbespieltem und komplettem Zustand sehr selten. Sie wurden meist nur in kleinen Stückzahlen produziert.

Die meisten Tiere aus Wald und Feld und aus dem häuslichen Bereich sind nicht selten. Sie waren schon früher sehr beliebt, wurden gleich vom Kind erkannt und von den Müttern auch für Lehrzwecke gekauft. Besonders wenn es sich um die Tiere handelt, die im Standard-Verkaufsprogramm der Firma Steiff angeboten wurden, bekommt der Sammler sie noch zu erschwinglichen Preisen.

Tiere und Figuren aus dem All sind besonders bei Jungen gefragt, die weniger etwas zum Kuscheln, sondern ein phantasiereiches Spieltier haben möchten. Diese sind z.T. von kurzlebiger Werbewirksamkeit und nicht lange im Verkaufsangebot.

Viele Steiff-Tiere der 50er, 60er und 70er Jahre waren über etliche Jahre im Verkaufsangebot und wurden in großen Stückzahlen verkauft. Dies sind genau die Steiff-Tiere, die heute häufig auf den Floh- und Sammlermärkten angeboten werden. Sie sind aber auch für jeden Geldbeutel erschwinglich.

Viele Sammler machen sich nicht einmal die Mühe, solch ein häufiges Tier genauer anzusehen. Es ist nicht interessant für sie, und fast schämen sie sich, übliche Tiere zu sammeln, da diese nicht so hoch im Kurs liegen. Genau diese Tiere sind besonders schön verarbeitet und den Proportionen der lebenden Vorbilder genau nachempfunden. Auch wenn es keine Raritäten im Sinne von Seltenheit sind, besticht doch die Vielfalt und Schönheit der einzelnen Kreationen – ein Sammelgebiet, das Spaß

macht. Manchmal werden per Annoncen Steiff-Dinge angeboten, es können auch eigene Suchanzeigen geschaltet werden. Hin und wieder sind in Spielwarengeschäften ältere Steiff-Tiere zu finden, die versehentlich in Lagerräumen vergessen wurden, dies sind aber äußerst seltene Glücksfälle.
Sie tauchen ebenso auf Flohmärkten wie auf Spielzeugbörsen und Auktionen auf. Wichtig für den Sammler sind Kontakte, ob zu anderen Sammlern, mit denen getauscht werden kann, oder zu Händlern, die immer wieder Steiff-Tiere ankaufen können. Auch das Lesen von speziellen Spielzeug-Magazinen ist wichtig.
Hält man sich die Massenproduktion von Steiff-Tieren aus den 50er und 60er Jahren vor Augen, so kann getrost gesagt werden, daß bei der Vielzahl dieser unterschiedlichen Tiere auch jetzt noch mit einfachen Mitteln eine schöne Sammlung aufgebaut werden kann. Trotzdem ist es vorstellbar, daß noch Tausende von Teddybären und Steiff-Tieren auf Dachböden und in Kellern vor sich hinschlummern. Hier sind mit Sicherheit noch wahre Schätze zu heben.

Die Erfinderin des ersten weichgestopften Spielzeugs

Giengen a.d.Brenz entwickelte sich in wenigen Jahrzehnten zu einem Industrieort mit 7500 Einwohnern, nachdem es jahrhundertelang ein Städtchen mit nicht mehr als 2000 Seelen gewesen war.
Der Ort ist urkundlich zum ersten Mal im Jahr 1078 erwähnt. Zunächst war es eine alemannische Siedlung des Klosters Fulda, der um das Jahr 1171 von Kaiser Friedrich I. (Barbarossa) Markt- und Stadtrechte verliehen wurden. Die Bürger der reichsunmittelbaren Stadt erlebten ein wechselvolles Schicksal. Eine der letzten Ritterschlachten, die Schlacht bei Giengen und die Schlacht bei Nördlingen im Jahre 1634, brachten der Stadt Brand und Vernichtung. Nach Plünderung des Städtchens steckten durchziehende Truppen der Nördlinger Schlacht dieses in Brand. Ganze vier Häuser blieben übrig.
Handwerk und Gewerbe bildeten neben der Landwirtschaft die Erwerbsquellen der Einwohner. Am Anfang des 19. Jahrhunderts arbeiteten hier 120 selbständige Weber, außerdem Gerber, Strumpfwirker, Zinngießer und weitere Handwerksberufe. Das Wirken dieser verschiedenen Gewerbezweige blieb später nicht ohne Bedeutung für die Spielwarenfabrik Steiff, die so sehr auf das Vorhandensein geschickter Hände angewiesen war. Als erste industrielle Gründung ließ sich um die Mitte des vorigen Jahrhunderts die Württembergische Wollfilz-Manufaktur nieder, aus der im Jahre 1881 die Vereinigten Filzfabriken AG hervorgingen.
Im Geburtsjahr von Margarete Steiff, 1847, hatte Giengen noch durchaus ländlichen Charakter. Wagen mit Kühen und Pferden bespannt zogen gemächlich auf das Feld, um die kargen Äcker zu bestellen. Hühner, Enten und Gänse bevölkerten die Straßen.
Die Eltern Margarete Steiffs, Bauwerkmeister Friedrich Steiff aus Geislingen und Maria Margarete geb. Haehnle aus Giengen, konnten nicht ahnen, daß Margarete Steiff die Gründerin eines Unternehmens werden würde, welches 100 Jahre später 1400 Menschen Arbeit und Brot gab. Obwohl sie seit frühester Kindheit an beiden Beinen gelähmt war, wurde sie schon als Kind der Mittelpunkt aller Buben und Mädchen aus den Nachbarhäusern. Ihr reger Sinn und ihr ständiger Wunsch, anderen Kindern eine Freude zu bereiten, trugen zu dieser Beliebtheit bei. Nicht zuletzt aber auch die Tatsache, daß sie immer wieder neue Geschichten erzählte und neue Spiele ausdachte.

Elternhaus von Margarete Steiff in Giengen, um 1850

Die Schule besuchte sie eifrig, obwohl sie täglich hingefahren und in das Klassenzimmer hinaufgetragen werden mußte. Margarete Steiff lernte in der Nähschule das Weiß- und Kleidernähen. Mit ihrer Schwester zusammen hatte sie sogar die erste, damals noch handgetriebene Nähmaschine in der Stadt. Kleidernähen und das Anfertigen von Aussteuern wurde ihr zum Beruf, denn wirtschaftlich unabhängig und frei zu sein, war ihr schon in früher Jugend ein besonderes Anliegen. Die Nähmaschine stellte sie umgedreht vor sich hin, um das Handrad mit der linken Hand, die ebenfalls geschwächt war, betreiben zu können.
Margarete Steiff sah in dem von der Filzfabrik der Familie Haehnle hergestellten Wollfilz die Möglichkeit, diesen der Mode entsprechend

Giengen mit Filz-Spielwarenfabrik, um 1900

für Frauenkleidung zu verwenden. Seit 1877 stellte sie als Filzkonfektionsgeschäft Kindermäntel, Kleider und Unterröcke her. Zu diesen Bekleidungsstücken kamen noch Tapisseriewaren, Tischdecken, Wandtaschen und viele andere Artikel. Mit dem kleinen Unternehmen ging es schnell aufwärts. Die Beschäftigung von Mitarbeiterinnen wurde notwendig. In diesen Jahren lesen wir unter Margarete Steiffs Aufzeichnungen: „Zu dieser Zeit kam mir das Modell eines Elefanten in die Hände, Filz eignete sich sehr gut zur Nachbildung. Zur Ausfüllung wurde die schönste Scherwolle verwendet. Dieser kleine Elefant aus Filz diente zuerst als Nadelkissen."

Anfangs verschenkte sie die kleinen Figuren, aber der Wunsch zahlreicher großer und kleiner Bekannter von ihr, auch so ein „Elefäntle" zu besitzen, wurde immer häufiger. 1880 waren es ca. acht Stück und sechs Jahre später waren es bereits 5.066 Stück, die sie fertigte. Es kam ein Affe hinzu, und es folgten Esel, Pferd, Schwein und Kamel.

Bauwerkmeister Fritz Steiff, der Bruder von Margarete Steiff, erkannte frühzeitig die geschäftlichen Möglichkeiten. Er brachte zuerst einen Sack voll dieser kleinen Tierchen auf den Jahrmarkt und setzte sie alle in kurzer Zeit ab. Wenige Jahre später begann die Herstellung der Spieltiere als Reit- und Fahrtiere. Diese erhielten ein tragfähiges Gestell in ihrem Innern, anfangs aus Holz, später aus Eisen.

Die Kollektion wurde immer größer, der Betrieb, noch im elterlichen Haus untergebracht, wuchs mit. Margarete Steiff lernte die hinzukommenden Arbeiterinnen persönlich an, überwachte die Herstellung und den Einkauf des Materials bis zur Ablieferung der fertigen Tiere. Um den immer höher gewordenen Ansprüchen zu genügen – der Betrieb im elterlichen Hause ließ keine räumliche Erweiterung zu – wurde das Geschäft 1889 in den Neubau in der Mühlstraße verlegt. Dieser Bau hatte neben zwei Schaufenstern einen Eckladen für den Einzelverkauf von Filz und Filztieren, somit begann ein weiterer bedeutender Abschnitt des Aufbaus.

Immer ausgedehnter wurde der Versand von Filz, Filzwaren und Spielwaren. Der erste Katalog erschien und im Jahr darauf stellte die Firma einen Reisevertreter ein. Margarete Steiffs Bestreben, immer wieder Neueres und Besseres zu schaffen, führte zur Gestaltung von Puppen, deren Körper und Kleider aus buntem Filz und deren Köpfe aus einer festen, haltbaren Masse gearbeitet waren. Der älteste Neffe von Margarete Steiff, Richard Steiff, trat nach dem Besuch der Kunstgewerbeschule Stuttgart und einem Aufenthalt in England im Jahre 1897 in das Geschäft ein. Zur selben Zeit finden wir die Firma Margarete Steiff als selbständige Ausstellerin auf der Leipzige Messe, wo weitere Verbindungen mit Käufern des In- und Auslands angeknüpft wurden.

Richard Steiff regte im Jahre 1903 die Errichtung des ersten Glasbaues mit einer Nutzfläche von rund 1.000 qm auf dem heutigen Fabrikgelände an. Dieser Bau und die noch folgenden ein- und zweigeschossigen Glashäuser sind heute noch für die gesamte Fabrikanlage charakteristisch.

Ein unermüdlicher und wertvoller Helfer wurde der älteste Neffe, Paul Steiff. Nach einer Ausbildung an der Kunstgewerbeschule in Stuttgart und einem zweijährigen Aufenthalt in Amerika arbeitete er maßgeblich an der Verbesserung der Spieltiere in der Fabrikation mit.

Seine Aufgabe war die Schaffung neuer Entwürfe, und die Weiterentwicklung von Mustern und Formen. Auch die drei Nichten von Margarete Steiff gingen ihr hilfreich zur Hand. Im Jahre 1902 übernahm der Neffe Otto Steiff nach vollendeter kaufmännischer Ausbildung an der Handelshochschule in Köln die kommerzielle Leitung des Unternehmens, die Verkaufsorganisation und die Werbung. Er gründete 1911 die Firma Steiff Fréres in Paris und 1912 die Filiale Margarete Steiff & Co. Inc. in New York. Sein Bruder Franz Steiff, zu dessen Arbeitsgebiet der Stoffeinkauf, die Einrichtung von Fabrikationsfilialen und Anlieferstellen für die Heimarbeit gehörten, vertrat 1904 auf der Weltausstellung in St.Louis die Interessen der Firma.

Im Skizzenbuch von Richard Steiff aus seiner Studienzeit in Stuttgart finden sich viele Zeichnungen von Braunbären, die er im Tiergarten beobachtet hatte. 1903 kam er auf diese Zeichnungen zurück. Aus diesen entstand in Verbindung mit der Spieltiertechnik Margarete Steiffs eine eigene Schöpfung, der spätere Teddybär. An Stelle des bisher verwendeten Filzes wurde der pelzartige Mohairplüsch verarbeitet, der damals eigens für diesen Zweck verbessert wurde.

Zu seinem Namen aber und zu seiner ganz großen Popularität kam der Teddybär durch einen glücklichen Zufall. Nach anfänglich schlechten Erfahrungen mit dem Verkauf erhielt die Firma Steiff auf der Leipziger Messe einen ersten Auftrag über 3.000 dieser Bären für Amerika.

Der damalige Präsident der USA, Theodore Roosevelt, wurde im Volksmund Teddy – die Kurzform von Theodore – genannt. Er war als großer Bärenjäger bekannt. Anläßlich einer Hochzeitsfeier fanden die kurz vorher aus Giengen eingetroffenen Plüschbären als Tafeldekoration Verwendung. Da der Präsident und die anderen Gäste über diese kuriose Symbolik sehr begeistert waren und die Presse den Vorfall aufgriff, hatte der kleine Plüschbär von da an seinen Namen gefunden. Der Verkauf stieg sprunghaft an. Die Jahre 1903, 1904 und

Mararete Steiff im Rollstuhl an ihrem Arbeitsplatz

1907 gingen als die großen Bärenjahre in die Firmengeschichte ein. Das Unternehmen war bisher als Einzelfirma geführt worden. Die gestiegenen Anforderungen führten zur Gründung einer Familien-GmbH.

Im Mai 1906 wurde die Eintragung der Gesellschaft durch Fräulein Margarete Steiff und die Gründungsgesellschafter, Paul, Richard und Franz Steiff, in Stuttgart notariell vollzogen. Im gleichen Jahr nahm Hugo Steiff seine Tätigkeit als Ingenieur auf. Vorbereitung und Einrichtung der Mengenfertigung, die Leitung der Fabrikation in technischer Hinsicht und die Mitarbeit am Bau der Glashäuser waren seine Aufgaben. Nach Gründung der GmbH bestellte Margarete Steiff ihre fünf Neffen und Mitarbeiter, Richard, Paul, Franz, Hugo und Otto zu Geschäftsführern der Gesellschaft. Trotz der inzwischen zur typischen Mengenfertigung angewachsenen Produktion verloren die Steiff-Erzeugnisse nicht ihren hohen Qualitätsstand. In der Fabrikanlage, die 1904 durch einen weiteren Glasbau vergrößert werden mußte, waren zu dieser Zeit 400 Betriebsangehörige beschäftigt, in Heimarbeit 1800 Frauen und Mädchen.

Wie kein Unternehmen von Rückschlägen verschont bleibt, so ging es auch der „Bärenfabrik“, wie sie damals genannt wurde. Das amerikanische Wirtschaftsleben wurde im Jahre 1907 von einer Wirtschaftskrise betroffen, die sich auch auf das Unternehmen in Giengen stark auswirkte. Die großen Bärenbestellungen, die größtenteils versandfertig bereit lagen, wurden annulliert; andererseits mußten von der Firma Steiff aber beträchtliche Mengen Plüsch abgenommen werden.

Es bedurfte der ganzen Umsicht und Tatkraft der damaligen Geschäftsleitung, um diesen Rückschlag zu überwinden, jedoch das inzwischen festgefügte Werk von Margarete Steiff bestand diese Krise.

Es war Margarete Steiff vergönnt, den neuen Aufschwung noch mitzuerleben. Am 9. Mai 1909 kamen ihre fleißigen Hände und ihr gütiges Herz für immer zur Ruhe. Die Erfinderin ließ ein Werk zurück, das sie mit großer Tatkraft und vorbildlichem Eifer, trotz ihrer Lähmung, zu hohem Niveau und wirtschaftlicher Bedeutung geführt hatte – ein Lebenswerk, das vielen Menschen Verdienst gab und ihr in den Herzen aller durch ihr liebenswürdiges Wesen ein bleibendes Denkmal setzte.

Aus dem Tagebuch von Margarete Steiff

Einige Passagen aus dem umfangreichen Tagebuch von Margarete Steiff zeigen sie nicht nur als kranken, ernsten und besinnlichen Menschen, sondern auch das spitzbübische, humorvolle Kind Gretle, das das einfache Leben um die Jahrhundertwende meistert.

So schreibt Margarete Steiff am Anfang: „Dieses Tagebuch wurde mir einst geschenkt mit der Weisung, meine Lebensgeschichte dareinzuschreiben, endlich komme ich dazu, damit zu beginnen, glaube aber nicht, daß es etwas Rechtes wird, denn Schriftstellern ist nicht meine Sache. Ich gebe, was ich kann, und meine Eigenen werden mich schon verstehen“.

Über ihre Reise nach Ulm: „Einmal fuhren wir nach Ulm, mit welcher Gelegenheit, kann ich mich nicht mehr erinnern. Post oder Eisenbahn gab es damals nicht. Dort angekommen bat meine Mutter einige Kinder, sie sollen mich auf ihren Schlitten nehmen. Dann gings in den 'Gasthof zur Gans' wo ich eine g a n z e knusprige Bratwurst bekam, und dieser Wurst wegen ist mir die Reise im Gedächtnis geblieben, denn von dem aufgesuchten Doktor weiß ich nichts mehr“.

„Einmal in Süssen, als wir auf den nächsten Eisenbahnanschluß warteten, habe ich meine neue Haarschleife liegen lassen; sie hatte 12 Kreuzer gekostet und war von Mesner's Lotte gemacht. Solchen Staat habe ich nicht wieder bekommen“.

„Da ich nicht laufen konnte, rutschte ich oft auf dem Boden, und somit gingen meine Röcke zugrunde. Immer wieder wurden sie geflickt. Einmal bekam ich das Kleid von Klingenmüllers Christine. Das hatte aber so enge Ärmel, die mich schrecklich drückten“.

Beim Großvater: „Mein Großvater holte mich oft in seine hintere Stube. Wie gut war Großvaters Kaffee! Er hatte eine breite Schüssel mit Handgriffen, da stellte er ringsherum Dunkerle, die er von seiner

Nudel abgeschnitten hatte, die waren halt so gut. Ich konnte es natürlich nicht begreifen, daß es die liebe Tante Ursche nicht gerne sah, wenn wir die Dunkerle alle wegaßen. Was wußten wir Kinder davon, wie sauer es der Tante wurde, für die Großeltern das Nötigste zu beschaffen, da mußte viel gespart werden."

Margarete Steiff erinnert sich an wichtige geschäftliche Daten in ihrem Leben:

1877, März
Unterröcke, Kinderkleider, Röcke und Mäntel werden erstmals hergestellt.

1877, Mai
Die erste Arbeiterin wird eingestellt.
Die Firma Siegle in Stuttgart nimmt die erste Lieferung ab.

1880, Dezember
Das erste Muster eines Elefanten mit Zähnen wird zugeschnitten.

1880, 29.Dez.
7 Elefanten verkauft.

1883, Dezember
Die ersten Tiere werden an das Exportmusterlager nach Stuttgart verkauft.

1889
Der Bau in der Mühlstraße entsteht.

1892
Die ersten Puppen werden hergestellt.

1893 3. März
Eintragung in das Handelsregister.
Es wird für 12.000 Mark Filz bezogen, teils für Kissen, Handarbeiten und Spielteppiche.
Es werden für 28.000 Mark Spielwaren verkauft.

1893
10 Heimarbeiterinnen werden beschäftigt.

1894/95
Herr Morschheuser, Reisevertreter der Firma Heinrichmeier & Wünsch, nimmt die ersten Muster auf seine Reisen mit.

1897
Neffe Richard und Herr Eulenstein besuchen die erste Messe in Leipzig.
Es werden 10 Arbeiterinnen im Hause und 30 Heimarbeiterinnen beschäftigt.
Der Jahresumsatz beträgt 90.000 Mark.

1897/98
Die Vertretung wird nach Berlin gegeben.

Herr Eulenstein ist als Reisevertreter für England tätig.

1899
Neffe Richard und Herr Rabus von den Vereinigten Filzfabriken, reisen nach England und geben die Vertretung an eine Londoner Firma. Eine weitere Vertretung geht nach Hamburg.

1898/1902
Neffe Paul besucht Kunstgewerbeschulen in Stuttgart und Amerika.
Neffe Richard besucht Kunstgewerbeschulen in Stuttgart und England.
Neffe Franz geht auf die Webschule nach Heidenheim, Aalen, Giengen und England.

1900
Eine Vertretung wird nach Italien gegeben.
Es arbeiten jetzt 30 Arbeiterinnen im Haus und 54 außer Haus.

1901
Eine Vertretung wird nach Holland gegeben.

1903
Der Ostbau, das Glashaus 1, wird gebaut.
Die Jahresproduktion beträgt jetzt 240.000 Stück.

1904
Der Westbau, das Glashaus 2, wird gebaut.
In diesem Jahr wird der gegliederte Bär 35 PB auf den Markt gebracht und es werden 12.000 Stück gefertigt.

1906
Die Gründung der G.m.b.H. erfolgt.
Vertretungen werden an Norwegen, Schweden, und nach Leipzig gegeben.

1907
ist das berühmte Bärenjahr, es werden 975.000 Teddybären gefertigt.
400 Arbeiter sind im Hause beschäftigt und 1.800 Heimarbeiterinnen in 5 Filialen.
Die Gesamt-Jahresproduktion der Tiere und Karikatur-Puppen beträgt 1.700.000 Stück.

1907
Die erste Charakter-Puppe mit Mohairplüsch-Haaren erscheint.

1908
Sie kommt auf der Frühjahrsmesse in den Verkauf.

1908
Vertretungen werden nach Österreich und Portugal gegeben.
Der Nordbau, das Glashaus 3, wird gebaut.

Die Neffen führen das Werk fort

In den Jahren nach dem Tod von Margarete Steiff ging es weiter aufwärts. Dazu trugen wesentlich die verschiedenartigsten Fähigkeiten und Veranlagungen der Neffen bei.
Auch außerhalb ihres Arbeitskreises führte das große Interesse der Brüder Steiff an technischen Dingen sie schon früh zum Motorsport. Die allerersten Modelle von Motorrädern, Personen- und Lastwagen wurden von ihnen gefahren, was in Giengen und seiner ländlichen Umgebung seinerzeit großes Aufsehen erregte. Zu Beginn des 1. Weltkriegs 1914 mußten drei Geschäftsführer sofort einrücken. Die Firma beschäftigte 800 Arbeiter und Angestellte und 400 Heimarbeiter. Die Verkaufsorganisation hatte Niederlassungen und Vertretungen in allen Ländern der zivilisierten Welt. Obwohl noch Anfang 1916 Lieferungen nach Amerika über Holland erfolgten, schränkte der Krieg die Fabrikation auf ein Minimum ein. Der Materialmangel war groß und die Fabrikation verlagerte sich auf das Anfertigen von Baukästen und Kindermöbeln. Die fehlenden Textilien wurden durch Papierstoffe ersetzt. 1921 wurde ein Kinderroller in Serie gefertigt. Die Fabrikation dieses Artikels in Fließbandarbeit leitete 1925 die Rationalisierung des ganzen Betriebes ein. In diese Zeit fällt die Übersiedlung von Richard Steiff nach Amerika. Er hoffte, von dort aus mehr für die Überwindung der Inflationszeit und der Exportschwierigkeiten tun zu können. 1927 kam Ernst Steiff aus Amerika zurück und betätigte sich im technischen Sektor des Werkes. Er entwickelte einen endlosen Riemen (Spiralgurtriemen), dessen fabrikmäßige Herstellung die Einrichtung einer besonderen Abteilung erforderte. 1929 erhielt er Prokura; auch er wurde später Geschäftsführer.
Nach der Stabilisierung der Mark erlebte die Firma einen neuen Aufschwung. Um den gestiegenen Bedarf im In- und Ausland zu befriedigen, wurde unter Leitung von Hugo Steiff die Fließband-Fertigung eingeführt. Die Weltwirtschaftskrise ging auch an der Firma Steiff nicht spurlos vorüber. Produktionseinschränkungen und Entlassungen waren die Folge. Dank der weltweiten Geschäftsbeziehungen und des guten Namens, den sich die Firma in den vergangenen 50 Jahren geschaffen hatte, gelang es, auch diese schwierige Zeit zu überwinden. In diesen Jahren bewährte sich das Schwester-Unternehmen, die Alligator-Ventilfabrik. Durch die rapide Motorisierung und die guten Erzeugnisse dieser Abteilung hatte sie sich einen großen Anteil am Markt erobern können.
Im November 1930 feierten Steiff und die Stadt Giengen mit einem großen Festakt das 50jährige Jubiläum. Als Jubiläumssymbol wurde – wie auch später zum 75. und 100. Jubiläum – ein kleiner Elefant als Sonderanfertigung hergestellt.
Der entscheidende Einschnitt in der Firmengeschichte und in der gesamten deutschen Wirtschaft ist der Ausbruch des 2. Weltkriegs. Der Großteil der Mitarbeiter mußte in den Krieg ziehen. In den ersten Jahren des Krieges wurde in geringem Umfang das befreundete Ausland beliefert.
1943 ging das Mohairmaterial aus, und nur eine kleine Arbeitsgruppe konnte mit der Herstellung von Tieren aus Kunstseide beschäftigt werden, bis dann die Produktion ganz zum Erliegen kam. Niemand glaubte mehr an eine Zukunft der Spielwarenfabrikation. Unmittelbar nach dem Krieg stand nur Kunstseidenplüsch zur Verfügung, der ausschließlich für das anlaufende Exportprogramm bestimmt war. Nur wenige geschulte Arbeitskräfte wußten, wie ein richtiges Steiff-Tier gefertigt werden mußte. Die Wiederaufnahme der Produktion litt unter den zeitlich bedingten Schwierigkeiten. Mangel an Plüsch und vielen Zutaten erforderte Improvisation und guten Willen. Auf der Leipziger Messe 1946 und 1947 stellte die Firma nur 10 Artikel zum Verkauf aus. Handleiterwagen brachten gegen Abgabe von Holzgutscheinen ausreichenden Absatz

und schufen die Voraussetzung für rasche Umstellung auf die Steiff-Roller. Nach der Währungsreform wurde das Fertigungsprogramm unter Beibehaltung bewährter Muster und Schaffung neuer ansprechender Formen ständig erweitert.
1948 endlich gab ein Lohnveredlungsgeschäft mit der Schweiz Gelegenheit, das notwendige Mohairmaterial zu beschaffen. Kunstseiden-Tiere waren im Ausland nicht zu verkaufen, und alte Kunden erklärten, nur Steiff-Erzeugnisse der altbekannten Friedensqualität könnten Anklang finden.
Im Jahr 1948 waren es schon wieder 985 Betriebsangehörige, deren Zahl 1954 dann auf 1811 anstieg. Die Lackiererei, die Montageabteilung für Kindersportfahrzeuge, Riemen- und Schaustück-Abteilung fanden 1950 in einem eingeschossigen, modernen Bau neue Arbeitsräume, ferner wurde eine neue Kesselheizungsanlage gebaut.
Die Liberalisierung und der ständig wachsende Umsatz mit Amerika erschöpften schon bald die vorhandene Kapazität. 1953 wurde für die Spielwarenfabrikation ein dreigeschossiger Neubau errichtet, der nach den modernsten Gesichtspunkten der Spannbetonbauweise geplant und ausgeführt wurde. Hohe, helle Räume in geschmackvoller, moderner Farbgebung und mit einer wohldurchdachten Luftheizung machten diesen Bau zum Vorbild aller zukünftigen Fabrikerweiterungen.
Bei der ersten deutschen Ausstellung in New York im Jahre 1949 konnte der Verkaufsleiter der Firma Steiff wieder eine würdige Kollektion präsentieren. Nachdem jedoch die Erzeugnisse mit dem „Knopf im Ohr" hier 15 Jahre gefehlt hatten, fanden sie zunächst nur zaghaftes Interesse. Die damals angeknüpften Verbindungen bilden aber auch noch heute die Grundlage für intensive Geschäftsverbindungen mit den USA. Es wurde schon in den 50er Jahren erkannt, daß der Amerikaner lieber öfter kauft als einmal ein großes Stück. Dies führte zum Ausbau der Plüschminiaturen, welche die Mengenproduktion förderten und damit auch das heutige Sammeln dieser hübschen Kleintiere möglich machte. Die Aufnahme der Igel-Figur „Mecki" im Jahre 1950 war ein glücklicher Griff (s. Puppen + Figuren).
Seit 1950 entstand ein einzigartiger Tiergarten mit immer wieder neuen bekannten und unbekannten Tierarten, die in ausführlichen und vielfarbigen Katalogen beschrieben wurden.
In den 60er und 70er Jahren wurden neue Formen und Materialien entdeckt und in das Programm aufgenommen. Anfang der 70er Jahre stagnierte der Umatz, da Billigimporte den Spielwarenmarkt überschwemmten. Erst Anfang der 80er Jahre ging es wieder aufwärts. Der Steiff-Sammelboom kam von den USA nach Europa, Steiff war wieder in aller Munde. Es wurde ein spezielles Verkaufsprogramm für Sammler gestartet, das mit Repliken und Museumskollektionen ausgebaut wurde.
Viele Hände waren tätig, bis in über hundert Jahren aus der kleinen Idee eine große Fabrik wurde. Das Werk von Margarete Steiff wurde durch Zähigkeit, Ausdauer, Phantasie und Glaube, trotz aller Hemmnisse der Zeit, weitergeführt und aufgebaut. Die Geschichte der Firma Steiff ist verbunden mit der Lebensgeschichte von Margarete Steiff.

Schwäbische Plüsch-Impressionen

Denken wir an das Zitat des ehemaligen Bundespräsidenten Theodor Heuss: „Wer schwäbische Wirtschaftsgeschichte schreiben will, muß Menschengeschichte schreiben!"
In ungezählten Familien aus Giengen und der Umgebung, einschließlich der benachbarten bayrischen Gemeinden, fanden und finden noch heute viele Menschen in der „Bärenfabrik" ihre Verdienstmöglichkeit. So ist oder war wenigstens ein Familienmitglied oft über Jahrzehnte hinweg beim „Steiff". Noch heute, wenn alte Leute nach Margarete Steiff gefragt werden, strahlt jedes Gesicht. Unwillkürlich greift die Hand keineswegs zum Hut, sondern zum Ohrläppchen, denn sie ist die Schöpferin der Zärtlichkeit in Gestalt der „Tierle", der kleinen und größeren, molligen, weichen Tiere mit dem „Knopf im Ohr". Kein Tier ist trotz Fließarbeit dem anderen völlig gleich, denn Handarbeit steckt in ihnen. Wurde zuviel in ihre Köpfe gestopft, bekamen sie breite Gesichter, waren die Teddy-Augen zu nah beieinander eingezogen, schauten sie melancholisch, war die Nase zu

hoch gestickt, war es ein Spitzbube. Eine Nahtveränderung von Millimetern veränderte ein Gesicht stark. Etwas haben sie aber gemeinsam, sie sind mollig, weich, warm, zärtlich, haltbar und können z. T. gewaschen werden. Völlig gleich ist auch der Arbeitsvorgang, in dem die Tiere hergestellt werden; er ist für jede Arbeiterin jeden Tag, jede Stunde, jedes Jahr eine Wiederholung; eine Arbeiterin erinnert sich an ihre Zeit beim „Steiff" in den 50er Jahren: Felle nähen, Felle nähen, Felle nähen. Die andere: Felle umdrehen, Felle umdrehen, Felle umdrehen. Die dritte: Felle füllen, Felle füllen, Felle füllen. Die vierte: Felle zunähen, Felle zunähen, Felle zunähen.
Wenn man diese Sätze sagt, so schnell es nur eben grad geht, so hat man eine Ahnung von der Schnelligkeit der Arbeit. Die eine: Augen einsetzen, Augen einsetzen, Augen einsetzen; die andere: mit der Spritzpistole die Schattierungen auf die Gesichter spritzen, spritzen, spritzen; die dritte: Rabenfüße färben, Rabenfüße färben, Rabenfüße färben. Nähmaschinen, selbstverständlich elektrisch, laufen, surren leise. Immer die gleiche Handbewegung, immer die gleichen Glasaugen, immer der gleiche Raum, der gleiche Arbeitstisch, die gleiche Nachbarin. Morgens in die Fabrik, mittags mit einer Essensmarke in eine der zahlreichen Gaststätten der Stadt zum Essen, wieder in die Fabrik, dann nach Hause, tagein – tagaus, jahrein – jahraus, bis das Alter der Rente angebrochen ist. Auf die Frage „Was ist größer, die Arbeit oder der Spaß?", lautet die Antwort „Der Spaß!" und die Arbeit geht weiter, oft mit Gesang Manche Arbeitssäle haben ihre eigenen Chöre, die aus Freude an den schönen Heimatliedern um die Wette singen. Trotz Stoff kein Staub, und obwohl sehr viele Frauen zusammen sind, kein Streit; doch es flüstert und wispert hier den ganzen langen Tag; es wispert auf schwäbisch. Keine Gastarbeiterinnen? Doch viele, aber sie sprechen schwäbisch! Eine weiche Sprache mit dem ständigen 'le am Ende, sodaß eine Speisekarte, die Wochentage hindurch lautet: Montag Nudle, Dienstag Hupfle, Mittwoch Spätzle, Donnerstag Knöpfle, Freitag Flädle, Samstag Zöpfle, Sonntag Brätle und Salätle. Alles wird verkleinert, alles ist klein, das Häusle und das Bächle. Die Sprache paßt, wie nach Maß geschneidert, zu den Tierle der Margarete Steiff.

Sind Teddys auch Tiere?

Ist es möglich, das beliebteste Steiff-Tier zu ermitteln und zu prämieren ? – Sicherlich nicht. Es wären unzählige Kriterien zu beachten, und die Überlegungen, die zu einer engeren Auswahl führen könnten, sind sehr umfangreich, wenn man bedenkt, daß es in der über 100-jährigen Geschichte der Steiff-Produktion Tausende von verschiedenen Steiff-Spielzeugen gab. Die Ermittlung des schönsten Tieres ist somit wohl nicht möglich. Die engere Auswahl fängt schon bei der groben Aufgliederung nach Tiergruppen an.
Wie der Käufer damals entscheidet der Sammler heute nach den unterschiedlichsten Gesichtspunkten und läßt sich natürlich stark nach seinen eigenen Empfindungen und dem eigenen Geschmack leiten.
Oftmals wird die Beliebtheit eines Tieres nicht allein von dem Aussehen oder der Tierart bestimmt. Auch Materialbeschaffenheit, Bemalung, Seltenheit oder ein nicht zu erklärender Flair, der von einem Steiff-Tier ausgeht, läßt für den Betrachter das Tier schön erscheinen.
Die einzelnen Tierkapitel zeigen die besonders beliebten Steiff-Tiere und wenn Sie gerade Ihr Lieblingstier nicht darunter finden, bleibt es trotzdem für Sie das schönste.
Teddybären nahmen von jeher eine besondere Stellung unter den Steiff-Tieren ein, und hier entsteht sogleich die Frage: „Ist ein Teddy überhaupt ein Tier?"
Ob alt oder neu, Teddybären erobern die Herzen der Erwachsenen ebenso wie die der Kinder. „Let me be your teddybear!" sang Elvis Presley in den 50er Jahren und meinte damit jene innige Freundschaft zu dem bekanntesten aller Plüschtiere.
Über 90 Jahre ist es her, daß im Hause Steiff der erste Teddybär das Licht der Welt erblickte. Es ist erstaunlich, was der 1902 von Richard Steiff geschaffene Teddybär erreicht hat, welche Freude er erzeugen und welchen Trost er spenden kann. Bereits 1907 produzierte

Steiff fast 1 Million Teddys. Es folgten viele Firmen, die ebenfalls eine große Vielfalt an Modellen dieses beliebten Plüschspielzeugs kreierten. Hatten die frühen Teddys noch einen kräftigen Buckel und überlange Arme, wurden sie doch im Laufe der Jahrzehnte mehr und mehr verändert und dem jeweiligen Zeitgeschmack angepaßt.

Der Ursprung des Namens „Teddy" ist verbürgt. Er stammt wirklich von Theodore Roosevelt, der zwar keine Einwände zur Namensgebung machte, jedoch die Werbewirksamkeit bezweifelte. Dies stellte sich aber als ein Irrtum heraus. Wohl kein Kind, das nicht nach Papa und Mama lernt, Teddy zu sagen. So trug eine Teddybär-Ausstellung vor Jahren den Titel „Die erste Liebe gleich nach der Mutter", der, wie wir meinen, sehr treffend die tiefe Bindung zeigt.

Der Spielgefährte aus der Kindheit ist zeitlos jung geblieben. Älteren Teddybären ist die leidenschaftliche Freundschaft anzusehen. Aber gerade diese manchmal zerrupften Plüschveteranen haben ihren eigenen bärigen Charakter und sind gesuchte Sammelobjekte. Der Teddybär ist Seelentröster und Partner nicht nur für Kinder. Er hört alles, sieht alles, schweigt immer .... oder ?

Teddybären werden nach wie vor gesammelt. Mancher Trendforscher und Meinungsmacher kann es sich nicht erklären, daß die Teddy-Welle und somit die Sammelleidenschaft nach Teddybären seit Anfang der 80er Jahre unverändert anhält, mit steigender Tendenz. Natürlich werden Toilettenbürsten, Fußabstreifer, Kannen, Töpfe, Geschirr, überhaupt das riesengroße Angebot an Haushalts- und Gebrauchsgegenständen in Teddyform und mit Teddy-Design versehen nicht ewig im Modetrend liegend erhalten bleiben.

Plüschteddybären aber wird es immer geben, ob als Spielzeug oder Sammelobjekt. Der Teddybär ist kein Monster, kein Saurier und kein Alf, der in Medien hochgejubelt wird, und von denen Jahrzehnte später kaum noch jemand spricht. Der Urteddy braucht keine Werbekampagne und keinen Maskenbildner, der ihn ins rechte Licht rückt, der Teddy spricht für sich. Er ist seit über 90 Jahren bei Groß und Klein beliebt, denn hat er erst einmal ganz speziell sein Kind, seinen Erwachsenen gefunden, erobert er im Sturm dessen Herz und läßt es nicht mehr los. Wer den Teddybär als Modeerscheinung sieht, hat keine Ahnung und wahrscheinlich nie selber erfahren, was es heißt, einen Teddy ganz allein zu besitzen und zu lieben. Er sollte einen Computer ins Bett mitnehmen.

Der Steiff Original-Teddy

Steiff-Original-Teddys im Typenvergleich: links: Original-Teddy, wie er zwischen 1930 und 1950 produziert wurde. Mitte: Original-Teddy zwischen 1951 und 1953 mit US-Fahne. Dieses Modell gab es von 1951 bis Ende der 50er Jahre. Rechts: Original-Teddy vom Anfang der 60er Jahre bis 1967.

Den nostalgischen Hauch von Teddy, was Schnitt, Mohair, Glasaugen, Stopfung und Gesichtsausdruck betrifft, verkörpert der Steiff-Original-Teddy der 50er und 60er Jahre. Zwischen 1930 und 1950 gab es vom Schnitt her beim Original-Teddy keine wesentlichen Veränderungen. Ein Generationswechsel kündigte sich 1951 an. Der Original-Teddy bekam einen neuen Schnitt.

Die Ohrenstellung ist gegenüber dem 30er Jahr Original-Teddy fast unverändert geblieben. Der Kopf wurde im Laufe der Jahre größer. Bedingt hierdurch wurde die recht spitze Schnauze der 30er- und Anfang-50er-Jahr-Teddys in den 60er Jahren um einiges „stumpfer". Der Zeitgeschmack der auslaufenden 50er Jahre forderte einen rundlicheren Teddytyp. Der Körper wurde dicker, die Arme kürzer und runder und nicht mehr so stark gebogen. Arme und Beine waren in den 60er Jahren wesentlich dicker als in den 50er Jahren. Beim Bauchumfang macht dies bis zu 4 cm aus, der Teddy hatte sich einen sogenannten „Wohlstandsbauch" zugelegt, den Buckel beibehalten.

Beim Original-Teddy aus den Jahren zwischen 1951 und 1967 ist die Farbe caramel sehr beliebt. Nicht so häufig sind gelbe Teddys, weiße und braune sind selten.

Die 10 cm- und 15 cm-Größen haben keine Filzpfoten bzw. -sohlen. Die 18 cm-Größe hat beigefarbene Filzsohlen. Ab 22 cm haben die Teddys auch Filzpfoten. Jeweils vier Krallen werden bei Teddys ab 18 cm Größe gestickt. Die 10 und 15 cm großen haben noch keine Krallengarnierung. Bis 15 cm ist die Schnauzengarnierung quer, bei den größeren Origi-

Abb. ob. rechts:
„Bären-Vogelhochzeit". Braut = Steiff-Original-Teddy, weißer Mohair, 10 cm, 60er Jahre. Bräutigam = Steiff-Original-Teddy, gelber Mohair, 13 cm, 50er Jahre. Wollvögel mit Metallfüßchen, 30er Jahre.

Original-Teddy, 53 cm, caramelfarben, US-Fahne, 1951, Nr. 5350,2.

Original-Teddy, 43 cm, dunkelbraun, 1960, Nr. 5343,03.

Gegliederte Steiff-Original-Teddys in Mohair, von abgeliebt bis unbespielt in der Farbe gold.
Von links: Nr. 120/5322,01, 22 cm, schwarz-braune Glasaugen, Druckstimme, Leinenpfoten, -sohlen, US-Zone, 1951; Nr. 120/5310,01, 10 cm, schwarze Glasaugen, 1955; Nr. 120/5322,01, 22 cm, schwarz-braune Glasaugen, Druckstimme, Filzpfoten, -sohlen, US-Zone, Halsmarke mit eckigem Bärenkopf und brauner Schrift, 1951; Nr. 120/5315,01, 15 cm, schwarz-braune Glasaugen, 1955.

Gegliederte Steiff-Original-Teddys in der häufigen Farbe caramel, von abgeliebt bis unbespielt: von links: Nr. 120/5322,02, 22 cm, schwarz-braune Glasaugen, Druckstimme, Filzpfoten, -sohlen, US-Zone 1951; Nr. 120/5310,02, 10 cm, schwarze Glasaugen, 1955; Nr. 120/5310,02, 15 cm, schwarz-braune Glasaugen, 1955; Nr. 120/5322,02, 22 cm, schwarz-braune Glasaugen, Druckstimme, Pfoten/Sohlen ergänzt, 1954.

nal-Teddys längs gestickt. Die caramelfarbenen und weißen Teddys haben eine dunkelbraune Garnierung. Gelbe und dunkelbraune Teddys sind schwarz garniert. Bis um 1963 wurden braun-schwarze Glasaugen, danach Kunststoffaugen verwendet. Eine Ausnahme bilden die 10 cm Teddys, hier wurden einfarbige schwarze Augen eingezogen. Die Stopfung beim Original-Teddy der 50er und 60er Jahre ist grundsätzlich Holzwolle. Zwischen 1951 und 1953 befindet sich in der Längsnaht des rechten Armes eine US-Fahne.

Die häufigste Farbe der Original-Teddys ist caramel. Sie war wegen der Schmutzunempfindlichkeit sehr beliebt und wird auch heute noch viel gekauft. Ebenfalls häufig ist ein leuchtendes Gelb, das bei richtiger Pflege eine starke Ausstrahlungskraft hat. Die Farbe Weiß war wegen ihrer Empfindlichkeit nicht sehr gefragt, ebenso Braun, da ein dunkler Teddy im weißen Bettchen der 50er Jahre dem kleinen Kind Angst machte. Ergebnis: heute sind weiße und dunkelbraune Teddys sehr selten.

Original-Teddy mit Halsmechanik

Er hat die typische Form des Steiff Original-Teddys, war damals sehr beliebt und ist es heute noch. Das Besondere an ihm ist sein kleines Schwänzchen, das den Kopf ein wenig drehen läßt. Am Hals befindet sich ein eingesetzter Mohairstreifen, eine sogenannte Halsfalte. Sie ist erforderlich, damit die Drehmechanik einen gewissen Spielraum hat. Der Teddy ist voll beweglich und trägt im Original eine gelbe Halsschleife. Die Farbe des Teddys ist caramel. Über der gesamten Vorderseite befindet sich ein eingesetztes Mohairstück in der Farbe honig. Er wurde nur 1955/56 in zwei Größen, 18 und 25 cm hergestellt und war zur damaligen Zeit recht teuer, da die Halsmechanik aufwendig und kostspielig in der Herstellung war. Heute begegnet man dieser Art Teddy sehr selten.

Steiff hat diesen Teddy 1991 als Replik in der Größe 25 cm herausgebracht. Er sieht dem Original von 1955 sehr ähnlich.

Steiff-Teddys mit Halsmechanik. Links: Replik, 25 cm, 1991, rechts: Original, 18 cm, 1955.

Von links: Steiff-Original-Teddys (ausrasiert), Jahrgang 1966, in Mohair, braune Nasengarnierung längs gestickt. Nr. 020/5341,01, 41 cm honigfarben, braun-schwarze Glasaugen, Kippstimme, Filzpfoten, -sohlen, mit Holzwolle gestopft; Nr. 020/5351,01, 51 cm, Ausführung wie zuvor; Nr. 020/5319,02, 19 cm, caramel, braun-schwarze Kunststoffaugen, Filzpfoten, -sohlen, mit Holzwolle gestopft; Nr. 020/5319,01, 19 cm, honigfarben, braun-schwarze Kunststoffaugen, Filzpfoten, -sohlen, mit Holzwolle gestopft;

Original-Teddy, 38 cm, honigfarben, 1966, Nr. 5341,01. Dieser Teddy wird auch „Der Ausrasierte" oder „Maskenbär" genannt.

Der Ausrasierte, Masken- oder Eulenbär

Beim Original-Teddy gab es 1966 ein neues Modell in den Farben honig (beige) und caramel (hellbraun) jeweils in den Größen 19, 26, 36, 41, 51 und 66 cm. Ein markantes Erkennungsmerkmal ist der kürzere Mohair im Schnauzen-Augenbereich. In Sammlerkreisen wird hier vom „Ausrasierten" oder auch wegen der Form des eingesetzten kurzflorigen Plüsches vom „Eulenbär" oder „Maskenbär" gesprochen. Diesen Typ gab es 1966 zunächst noch mit Holzwolle gestopft und mit Filzpfoten und -sohlen, später dann in den 80er Jahren aus synthetischem Velours. Auch ist die Stopfung nicht mehr so hart wie bei den ersten Maskenbären. Die Handnaht befindet sich auf dem Rücken des Teddys. Die Arme und Beine sind kurz, Körper und Kopf sind flacher und breiter als beim 50er/60er Jahr-Typ.

STEIFF-ORIGINAL-MARKE
Original Teddy

Zotty – der beliebteste Bär der Nachkriegszeit

Ein richtiger Renner der Nachkriegszeit war Zotty, und er ist es noch heute. Von Steiff wurde er als revolutionäre Neuentwicklung auf den Markt gebracht und zwar in den Größen 17/18, 22, 28, 35, 43 und 50 cm.
Der Mohair-Plüsch ist braungespitzt, lang und lockig. Der klassische Zotty ist gegliedert, hat ein offenes Filzmaul und eine hellbeige (gelbliche) eingesetzte Brust. Schaustücke und Sonderanfertigungen in Übergröße erhielten Spielwarenhändler für Dekorationszwecke. Es gab ihn in den unterschiedlichsten Ausführungen und Schnitten.
Zottys kamen 1951 ins Verkaufsprogramm und wurden zum beliebtesten Nachkriegsteddy. In braun-gespitztem Mohair gab es ihn bis 1978, charakteristisch mit heller Brust. Nur 1961/62 war ein weißer Zotty in zwei Größen (28 und 35 cm) im Sortiment.
Er hat ebenfalls einen langen dichten Mohairplüsch und eine beigefarbene eingesetzte Brust. Seine Stopfung ist superweich und er hat eine Doppeldruckstimme. Seine Glasaugen sind braun-schwarz, die eingesetzte

Steiff-Zottelbär Zotty, 43 cm, im Originalzustand von 1960. Beschreibung s. auch Zotty-Gesamtfoto.

Baby-Bär Lully, 30 und 22 cm, Mohair, caramel, sehr weich, Kopf drehbar, Nr. 123/7330,00 und Nr. 123/7322,00, eingesetzte Kurzmohairnase, offenes beiges Filzmaul, weiße Brust, beige abgerundete Pfötchen-, füßchen, nicht gegliedert, ab 1961; Zotty, Nr. 0305/22, formgeschäumt, nicht gegliedert, starrer Kopf, Mohair, braunschwarze Kunststoffaugen, ab 1976.

Original-Teddy, 41 cm, caramel, 1966; Eisbär, 17 cm, ab 1950 (Seite 24)

Links: Jungbär, Nr. 128/1317,02, caramel, Druckstimme, starrer Kopf, Mohair, braun-schwarze Glasaugen, beige Filzsohlen, ab 1950; Mitte: Zipper-Zotty, Nr. 59/10/30, eingesetzte Kurzmohair-Nase, offenes beiges Filzmaul, braun-schwarze Glasaugen, ab 1970; Kopf und Pfoten sind fest gestopft, in der rechten Pfote befindet sich eine Quietschstimme. Der Körper ist offen und mit einem Reißverschluß versehen. Zipper-Zotty war für die Aufbewahrung der Kindernachtwäsche gedacht; liegend: Floppy Zotty, Nr. 121/7317,00, 17 cm, aufgestickte Schlafaugen, sehr weiches Schlaftier, ab 1953, häufig.

„Wo bleibt mein Gute-Nacht-Küßchen ?" sagt dieser Zotty, 43 cm, von 1955

Zotty, 28 cm, weißer Langmohair, Nr. 121/6328,04, nur 1961/62.

Die sechs Standardgrößen des Steiff-Zottelbärs Zotty, ab 1951, langer dichter Mohairplüsch, braun/grau gespitzt, superweich gestopft, beige Filzpfoten, -sohlen, offenes beigenes Filzmaul mit roter Schattierung, Nase braun längs gestickt, eingesetzte Kurzmohair-Nase und hellbeige Brust. 17, 22, 28, 35 cm mit Druckstimme; 43 und 50 cm mit Kippstimme.

Schnauze ist aus Kurzmohair, sein offenes Maul ist aus Filz, ebenso die Pfoten. Ein klein wenig ist er dem Teddy-Baby nachempfunden. Sein runder Kopf, die nach unten und hinten zeigenden Pfoten und die großen braunen Augen mit schwarzer Pupille ließen ihn zum zotteligen Baby-Bär werden.

Die Nase ist längs mit braunem Faden garniert. Er hat vier gestickte Krallen. Sicher war er den Eltern wegen seiner Farbe zu empfindlich und er wurde nur sehr wenig gekauft. Dies macht heute seine enorme Seltenheit aus. Ein Sammler sollte es nicht scheuen, einen total schmutzig-weißen Zotty zu kaufen. Das Fell wird nach einer gründlichen Reinigung mit Seifenschaum, sofern der weiße Mohair nicht von Nikotin vergilbt ist, wieder schneeweiß. Leider ist der weiße Zotty schwer zu finden.

Über Jahrzehnte hinweg war der braun gespitzte Zotty ein Verkaufsschlager und wurde von Wettbewerbern ebenfalls vielfach angeboten (in den meisten Fällen ohne die helle Brust). Der Zotty blieb bis 1978 im Sortiment. Er war der häufigste Bär der Nachkriegszeit und fehlte wohl kaum in einem deutschen Haushalt. Trotzdem ist er nun nicht mehr so häufig anzutreffen. Selbst Nichtsammler geben kaum ihren Zotty aus Kindertagen her. Er war sehr strapazierfähig, vorausgesetzt sein Zottelfell fiel nicht dem Frisör spielenden Kind zum Opfer. Den Zotty gibt es auch als Schlaftier in 17 und 28 cm Länge ebenfalls mit braun-gespitzem Mohair. Er heißt Floppy-Zotty, ist sehr weich, sehr häufig und bei Sammlern wegen der geschlossenen Augen nicht sehr beliebt. Er hat ebenfalls einen offenen Mund. Das offene Filzmaul der Zottys ist anfällig für Flecken jeglicher Art. Zotty wurde mit allem gefüttert, was das Kind essen wollte oder mußte. Die ganze eingetrocknete Speisenpalette eines Kleinkindes ist manchmal am Zottymäulchen ablesbar, vom Spinat bis zur Schokolade (Reinigung eines Zotty-Mundes siehe unter Reinigung von Steiff-Tieren).

In letzter Zeit ist zu beobachten, daß die Nachfrage nach Zottys immer größer wird. Schon immer war der Zotty beliebt, aber nicht selten, denn er wurde sowohl auf Flohmärkten als auch auf Spielzeugbörsen häufiger angeboten. Die meisten Teddysammler haben ihn längst in ihrer Sammlung, auch Jungsammler hatten es bis Ende 1993 nicht schwer, schöne Zottys in den üblichen Größen zu finden.

Dies hat sich nun geändert, denn der Zotty wird immer beliebter, vorausgesetzt sein Aussehen ist lieblich, der Zottelmohair hell und rundherum kuschelig und im Bestzustand. Wurden von großen, namhaften Auktionshäusern bisher kaum Zottys angeboten, werden sie erstmals 1994 zu unrealistischen Preisen im Katalog präsentiert. Es bleibt abzuwarten, welche Sammlerpreise sie wirklich erzielen.

Wir können nur jedem Sammler raten, sich einmal genauer die zuvor beschriebenen Original-Teddybären der 50er und 60er Jahre und auch die Zottys anzusehen und bei realistischen Sammlerwerten diese für ihre Sammlung zu kaufen. So wie im Augenblick die Teddybären aus der Zeit um 1910 bis Ende der 40er Jahre rar und gesucht sind, ist absehbar, wie lange es dauert, daß auch die Nachkriegsteddys nur noch sehr schwer zu bekommen sind.

Teddy-Babys in drei Altersgruppen. Hier wird deutlich, wie sich die Kopf- und Schnauzenform zwischen 1930 und Ende der 50er Jahre verändert hat. Oben: Nr. 7320, 1931; Mitte: Nr. 7328,2, 1951, US-Zone; unten: Nr. 7328,2, Mitte/Ende 50er Jahre.

Teddy-Baby

Der Beliebtheitsgrad von Baby-Bären ist seit den 30er Jahren unverändert groß. Um die Unterschiede der gefertigten Teddy-Babys klar darstellen zu können, ist es notwendig, diese Bären auch schon aus der Zeit vor 1950 genauer zu beschreiben. Richard Steiff war es, der die Idee zur Fertigung von lebendig und lieblich aussehenden Bären mit lachendem Gesichtsausdruck hatte. Bis 1929 die ersten dieser tapsig und unbeholfen herumstehenden Teddys dann endlich das Steiff-Werk verlassen konnten, waren die unterschiedlichsten Prototypen entstanden, sie wurden mit dem Namen „Teddy-Baby" getauft.

Die Vielfalt dieser speziellen Teddy-Gruppe ist so groß, daß die Vorstellung aller Typen in den unterschiedlichsten Plüscharten, Größen und Sonderanfertigungen alleine Stoff genug für ein Buch wären. Der beliebteste und als Urtyp eines Teddy-Babys geltende Baby-Bär von Steiff weist folgende Merkmale auf:

- eingesetzte Schnauze aus kurzem Mohair (bei kleinen Größen aus Samt)
- offener Filzmund, bei Größen ab 20 cm
- Pfötchen zeigen nach hinten
- flache Füßchen aus kurzem, beigem Mohair mit eingearbeiteten Papp-Scheiben zur Verbesserung der Standfestigkeit.
  Oftmals steht eines der Füßchen schräg, sodaß es aussieht, als ob das Teddy-Baby sich selbst auf sein Füßchen tritt. Dies läßt es besonders kindlich und unbeholfen erscheinen.
- kleine Teddy-Babys haben Samtfüßchen
- braune Glasaugen mit schwarzer Pupille.

Da Teddy-Babys fast über 30 Jahre im Steiff-Verkaufsprogramm waren, ist die häufigste Sammlerfrage: „wie kann ich an einem Mohair-Teddy-Baby erkennen, ob es aus den 30er oder 50er Jahren stammt. Wir haben in Gegenüberstellungen (s. Fotos) die Merkmale herausgehoben, die die richtige Alterseinschätzung etwas leichter machen soll. Wichtig ist zu wissen, daß die Größe, die Farbe, der Schnitt und das Material der Tatzen eine große Rolle dabei spielen.

In Steiff-Verkaufskatalogen finden wir die Beschreibung: „Teddy-Baby, gegliedert, Mohairplüsch mais, weiß oder dunkelbraun. Modell eines sprechend-lebenswahren drolligen Jungbären, freundliches Gesicht, steht aufrecht oder sitzt nach Wunsch“.
Die Artikel-Nr. ist 12G/7307 für das 8 cm (stehend gemessene) Teddy-Baby mit geschlossenem Mund, es wiegt 0,030 kg. Das größte Baby mißt 45 cm, es hat die Artikel-Nr. 7335,2, was sitzend gemessen 35 cm besagt. Insgesamt wurden 12 Größen angeboten: 8, 10, 13, 15, 18, 20, 25, 29, 32, 35, 42 und 45 cm (stehend gemessen). Denselben Typ gibt es in feinem Wollplüsch, weiß, mais und dunkel in 8 Größen. Die dunkelbraunen Teddy-Babys haben maisfarbene Schnauzen und Tatzen. In einem amerikanischen Katalog erschienen zur gleichen Zeit nur 5 Größen mit der Nummer 12G/6315BR bis12G/6335,2BR. Bereits drei Jahre später, im 1933er Katalog, gab es das Teddy-Baby zwar immer noch in 12 Größen, aber nicht mehr in der Farbe weiß. Hieran können wir ermessen, wie selten weiße Teddy-Babys heute sind. Der Sammler sollte besonders vorsichtig sein, wenn ihm ein weißes Teddy-Baby offeriert wird. Erfahrungen haben gezeigt, daß nicht jedes weiße Teddy-Baby ursprünglich einmal weiß war. Fälscher sind auf die Idee gekommen mit starkem Bleichmittel maisfarbenen Mohair in weiß zu verwandeln. Außen können Teddy-Babys durch starke Sonneneinwirkung ausgeblichen sein. Zur genaueren Überprüfung wird die Handnaht auseinandergezogen bzw. der Mohair zwischen den Arm- oder Beinscheiben auf die ursprüngliche Farbe hin untersucht.
Die Wollplüsch-Ausführung des Teddy-Babys war ab 1933 ebenfalls in den Katalogen nicht mehr anzutreffen. Ein Steiff-Teddy-Baby war zur damaligen Zeit um bis zu 30% teurer als ein Steiff-Teddy nach üblichem, bekanntem Standard-Schnitt. Der Preis beim 8 cm großen Baby betrug RM 1,20 und beim 45 cm großen RM 14,--. 1936/37 war das kleinste Mohair-Teddy-Baby in dunkelbraun oder mais 1 cm größer als 1933 und zwar 9 cm, dafür wurden

Teddy-Babys fühlen sich in weichen Kissen am wohlsten. Teddy-Baby, honigfarben, 22 cm, 1955, Artikel-Nr. 7322,2

Zwei winzige Teddy-Babys: maisfarben, Artikel-Nr. 7309, beide eingesetztes Schnäuzchen und Füßchen aus Samt, links 8,5 cm, von 1934, rechts 7,5 cm, von 1955.

„Komm raus, ich trockne dich ab!" – sagt Teddy-Baby, 10 cm, dunkelbraun, US-Zone, 1951, zu seinem Schwesterchen, Original-Teddy, 10 cm, caramelfarben von 1960.

aber 10, 13, 18, 20, 25, 29, 32, 35 und 42 cm große nicht mehr angeboten. Die neuen Maße waren: 9, 15, 22, 30, 38, 40 und 45 cm. Die letzten beiden Ziffern der Artikelnummer gaben jetzt auch die Größe stehend gemessen an. Diese Maßangaben können zur genaueren und leichteren Zeiteinschätzung beitragen. Voraussetzung ist allerdings, daß der Teddy-Körper nichts von seiner ursprünglichen straffen Holzwollstopfung verloren hat.
Es ließ ihn natürlich in seiner Größe schrumpfen. Zudem sind die Maßangaben teilweise nicht so genau, da die Handarbeit doch gewisse Toleranzen zuließ. Viele Teddys sind beim genauen Nachmessen eher kleiner, als die Nummer oder der Katalog aussagt. Interessant ist auch der Vergleich zweier maisfarbener Teddy-Baby-Winzlinge. Der eine ist von 1930 mit der Nummer 7307 und müßte lt. Katalog 7 cm sitzend, 8 cm stehend sein. Der andere hat die Nummer 7309, ist von 1934 und lt. Katalog stehend 9 cm. Tatsächlich sind aber beide 8,5 cm groß.
Bis Ende der 30er Jahre blieben diese Größen unverändert im Programm. Viele Werbeannoncen zeigen Teddy-Babys meistens spielend mit Hunden. Der kindliche Bär war sehr beliebt, konnten Mädchen doch wie mit ihren Puppen Mutter und Kind spielen. Der offene Mund war wie geschaffen zum Füttern und Fläschchen-Geben. Das ist auch der Grund, daß Teddy-Babys oftmals verschmierte Mündchen haben. (s. auch Zotty und Reinigung)
Eine sehr große Schwachstelle waren die Fußsohlen. Sie waren mit einer dicken Pappeinlage verstärkt, die mit Filz überzogen war. Deren Kante war nicht abgerundet, sodaß nach einiger Zeit der Filz durchgescheuert war und Pappsohle und Holzwolle unten aus den Fußsohlen herausschauten oder verloren gingen. Teilweise wurden den Teddy-Babys gestrickte Söckchen über die defekten Füße gezogen, andere wurden leider fortgeworfen.
Es gab nicht nur Sohlen und Tatzen aus Filz, in Kriegs- und Krisenzeiten gab es Tatzen und Sohlen aus Rauhstoff, die ebenfalls sehr empfindlich waren. Ab Mitte der 50er Jahre wurde ein wildlederähnliches Gummimaterial verwendet.
Mit Beginn der Rohstoffknappheit Anfang der 40er Jahre verschwanden Teddy-Babys aus Mohair dann gänzlich. Sie tauchten wieder

Anfang der 50er Jahre in guter Mohairqualität auf.
Im Katalog 1954/55 wurden nur noch je 4 Größen (9, 22, 28, und 40 cm) in mais oder braun angeboten, 1957/58 ebenfalls in den gleichen Größen, aber die Farbe ist hier mit honig oder braun angegeben. Dies ist aber nur eine Änderung in der Farbbezeichnung, nicht im Farbton. Bei den Farbtönen gab es immer wieder geringfügige Abweichungen je nach dem, wie intensiv der Plüsch gefärbt, bzw. wie stark er von der Sonne ausgeblichen war.
Die Körperproportionen haben sich im Laufe der Jahrzehnte stark verändert. Die Teddy-Babys wurden immer dicker und rundlicher. Auch an der Kopfform kann man das Alter erkennen. Die frühen Teddy-Babys haben eher eine spitze Schnauze, die bei den späteren stark abflacht. Teddy-Babys bekamen bis Mitte der 30er Jahre Halsbänder mit silberfarbigen Nieten, danach wurden die Nieten weggelassen. Maisfarbene Teddy-Babys bekamen blaue Lederhalsbänder, weiße und dunkelbraune Teddy-Babys rostbraune bzw. rote Lederhalsbänder.
Die Nasengarnierung ist beim dunkelbraunen Teddy-Baby überwiegend schwarz, beim weißen rosa und beim maisfarbenen hellbraun.
In den Steiff-Katalogen von 1961/62 sind keine Teddy-Babys mehr abgebildet. Lediglich der Kopf eines Teddy-Babys taucht noch bis in die 70er Jahre auf, und zwar als Handspielpuppe mit der Bezeichnung Teddy-Baby oder Hand-Teddy.
Sammler, die bisher nicht das Glück hatten, ein altes Teddy-Baby für die Sammlung erwerben zu können, trösten sich mit der Vielfalt der gelungenen Teddy-Baby-Repliken.

Panda, Jackie, Orsi, Koala

Der schwarz-weiße Pandabär wurde im Jahre 1938 erstmals vorgestellt. Es gab ihn vor dem 2. Weltkrieg nur in 30 cm Größe. Danach wurde er in sechs Größen von 15 - 50 cm bis 1961/62 hergestellt. Ab Mitte der 50er Jahre

links: Original Panda 22 und 43 cm, 50er Jahre.
rechts: Panda-Replik 1984, 29 und 35 cm.

links: Jackie Bär, Replik, 1987; rechts: Original Jackie 1953; Jubiläumshefte jeweils dazugehörend.

wurde der Filz an Sohlen und Pfoten durch wildlederähnliches graues Gummimaterial ersetzt. 1984 produzierte Steiff erstmals den Panda-Bär in 29 und 35 cm als Replik im Original-Schnitt für USA.
Der Jackie-Bär zum 50-jährigen Jubiläum

Weichbär Orsi, 22 cm, ab 1952, blaues Lätzchen fehlt; Dachshund Lumpi, springend, 11 cm, ab 1963; Jungdackel Beppo, gegliedert, 10 cm, 1952-1962.

(1903-1953) war ein neues Teddymodell in den Größen 17, 25 und 35 cm, das 1953 herauskam.
Jackie ist noch rundlicher, dicker und kurzbeiniger als der Original-Teddy der 50er Jahre. Typisch für Jackie ist der rosa Fadenstich quer über die längs gestickte dunkelbraune Schnauzengarnierung sowie der aufgespritzte dunkelbraune Bauchnabel. Jackie blieb bis 1955 im Programm. Damals sehr beliebt, ist sie heute selten zu bekommen, besonders in der dritten Größe. 1987 produzierte Steiff Jackie als Replik im Original-Schnitt von 1953.
1952 gab es den etwas dicklichen, mit angewinkelten Beinen sitzenden Weichbär Orsi in 22 cm. Er hat gescheibte Arme, einen Drehkopf, eine eingesetzte beigefarbene Schnauze und ein offenes Filzmaul. 1959 kam eine 35 cm-Version hinzu. Meist fehlt heute das blaue Filzlätzchen, das er im Originalzustand um den Hals trägt. Der Koala-Bär wurde in den Größen 12, 22 und 35 cm gefertigt. Die kleinste Größe hat Biegearme und -beine, die zwei größeren sind gegliedert. Die aufwendig und ausdrucksstark gearbeiteten Koalas waren zwischen 1955 und 1962 im Verkaufsprogramm.

Jungbär auf Scheibenrädern, 35 cm, ab 1954; Koala-Bären, 22 und 12 cm, 1955-1962.

Bären, auf vier Füßen stehend

Die auf vier Füßen stehenden Jungbären sind für Bärensammler eine willkommene Abwechslung zu den vielen gegliederten Teddys. Es gibt sie in caramelfarbenem Mohair in 12, 17, und 25 cm Größe ohne Räder, in 28 cm mit Holzrädern und in Größen darüber mit roten Scheibenrädern. Nur der 12 cm große Jungbär hat einen Drehkopf, die anderen Größen haben starre Köpfe. Die Fußsohlen sind aus beigem Filz. Er hat jeweils vier Krallen. Die Jungbären ohne Räder waren von 1950 - 1970 im Programm und sind heute daher doch recht häufig. Jungbären auf Rädern gab es sogar schon 1939.

Nicht so häufig ist der Eis- oder Polarbär in der Farbe weiß. Er wurde ab 1950 in 12 cm mit schwarzen Augen und in 17 und 25 cm mit blau-schwarzen Augen angeboten.

Cosy-Teddy, weiß, 40 cm, Dralon, ab 1966; Minky-Zotty, hellbeige, 28 cm, formgeschäumt, sehr weich, ab 1969; Dralon-Petsy, gold, 38 cm, ab 1970.

Teddybären aus synthetischen Plüschen

Bären und Teddys aus Dralon wurden bei Steiff seit Mitte der 50er Jahre hergestellt. Sie waren wohl nicht so erfolgreich wie ihre „Kollegen" aus Mohair. Zu den beliebtesten zählten die Cosy-Teddys. Es gab sie in den Farben weiß mit beigefarbenem Brusteinsatz und in dunkelbraun mit weißem Brusteinsatz ab 1966. Bereits 1957 kam der caramelfarbene Cosy-Teddy mit weißem Brusteinsatz in den Verkauf. Die Schnauzenpartie ist kurzflorig.

Baloo I und Baloo II

Einer der beliebtesten Helden der Verfilmung von Walt Disney ist der gutmütige Bär Baloo. Viele Sammler kennen ihn, aber nur wenige besitzen ihn in einwandfreiem Originalzustand mit Halsmarke, Knopf und Fahne, dazu noch ungewaschen und mit ungekürzten, spitzen Krallen.

Die erste Ausführung aus Dralon (80% Dralon/20% cotton), die die Firma Steiff in ihrem Hauptkatalog 1968 vorstellte, bekam die Artikel-Nummer 0360/40. Sie ist 40 cm groß, mit Holzwolle fest gestopft, hat starre Beine, Kopf und Arme sind angescheibt. Die Pfoten und flachen Sohlen sind aus Kunstleder, die Kunststoffaugen schwarz/weiß. Die Farbe von Baloo ist hellbraun, Brust, Bauch und Schnauze sind aus hellbeigefarbenem Dralonplüsch separat

eingesetzt, nicht eingefärbt. An Pfoten und Füßen hat er jeweils vier spitze Krallen aus dickem, weißem Filz, die Nase ist aus braunem Filz. Auf der Halsmarke steht „Baloo Cop.Walt Disney Prod.“. Diese Version wurde bis 1974 hergestellt und ist heute im unbespielten Zustand mit allen Erkennungsmerkmalen sehr selten.
Einen weiteren Baloo, der mit der ersten Ausführung fast nichts mehr gemeinsam hat, außer den spitzen Krallen aus weißem Filz, gab es 1980 bei Steiff mit der Artikel-Nummer 0380/28. Er hat angenähte Schlenkerarme, seine Beine sind angewinkelt und nicht beweglich.

Baloo I (stehend), 40 cm, Dralon, 1968-1974; Baloo II (sitzend), 28 cm, Webpelz, 1980-1982.

Dieser sitzende Baloo ist 28 cm groß und aus Webpelz (65% acrylic/35% cotton). Brust, Bauch und Schnauze sind aus weißem Webpelz eingesetzt, Nase, Pfoten und Sohlen sind aus braunem Kunstleder. Er ist weich gestopft und hat schwarz/weiße Schielaugen. Dieser Baloo, der eigentlich aufgrund seiner Beschaffenheit – weich gestopft und aus Webplüsch – nicht so ganz zu den anderen Steiff-Sammelobjekten „paßt“, ist einer der gesuchtesten und beliebtesten Bären. Das hängt mit seinem „charmanten“ Aussehen und damit zusammen, daß er nur zwei Jahre produziert wurde. Wer ihn sieht, muß über diesen drollig schielenden Kerl lachen und ihn knuddeln. Wohl kaum einer, der ihn hergibt und wenn überhaupt, dann hat er meist viele Waschmaschinen von innen gesehen, und von seiner ursprünglichen Beschaffenheit ist nicht mehr viel übrig geblieben. Im unbespielten Originalzustand ist diese zweite Version extrem selten.

Welches ist der schönste Teddy?

Der schönste Teddy, der älteste Teddy, der seltenste Teddy, wer kann ermessen, auf welche Teddys diese Superlative zutreffen?
Welcher Teddy oder welcher Teddy-Typ darf für sich in Anspruch nehmen, einer der ganz großen Raritäten zu sein?
Jedoch einen ganz bestimmten Teddy zur außergewöhnlichen Rarität, vielleicht sogar zum fast einmaligen Stück in seiner Art zu erklären, ist schwer. Ein Liebhaber, der erst vor kurzer Zeit begonnen hat, Plüschtiere zu sammeln und dessen Teddysammlung sich auf die 70er Jahre beschränkt, bekommt sicher Herzklopfen beim Kauf eines Original-Teddys von 1950 mit US-Fahne. Er denkt, er hat eine nie wiederkehrende Rarität ergattert.
Der Kauf eines unbespielten, braun-gespitzten Zottys mit Halsmarke, Knopf, Ohrfahne und US-Fahne war am Anfang unserer Sammelleidenschaft für uns ein großes Erlebnis und wir dachten, einen zweiten Teddy in diesem optimalen Zustand gibt es nie wieder.
Im Laufe vieler Sammlerjahre ändert sich der Geschmack, das Wissen wird erweitert, und wenn viele Kontakte zu anderen Sammlern bestehen, lernt man Dinge kennen, von denen man anfangs überhaupt nichts wußte.

Haustiere

Haus- und Hoftiere wurden schon vor 1900 im Steiff-Verkaufsprogramm aufgeführt. Sie gehörten damals schon zu den größten Tiergruppen innerhalb des Steiff-Sortiments.
Betrachten wir die ersten Steiff-Hauptkataloge der 50er und 60er Jahre, so finden wir sehr viele bekannte und beliebte Tiere aus diesem Bereich. Sie wurden viel gekauft, denn jedes Kind kennt sie aus dem täglichen Leben.

Hunde

Hunde spielen im Leben eines Menschen oftmals eine besondere Rolle, sie sind die besten Freunde und Partner.
Es gibt kaum eine Hunderasse, die Steiff nicht mit bewundernswertem Einfallsfeichtum und in den unterschiedlichsten Materialien nachgebildet hat. Hunde waren auch in den 60er Jahren noch immer die absolut größte Tierrasse im Sortiment. Sie waren im besonderen Maße dem Modetrend unterworfen und sie bekamen in den Katalogen den breitesten Raum. Auch Karikaturen aus Comic und TV wurden dargestellt.
Konnte sich früher eine Familie mit Kindern keinen Vierbeiner leisten, so wurden zumindest Waldi oder Bazi, die Dackel von Steiff, von den Kindern an der Leine ausgeführt.
Anfang der 50er Jahre wurden zunächst Airedale und Foxterrier in stehender Version wieder hergestellt. So wie Airedale und Foxterrier waren Scotty, Sealyham, Molly und Waldi schon bewährte Modelle der 30er Jahre. Der Jungdachshund Bazi stellte 1951 eine Neuentwicklung dar.
Nachfolgend eine Übersicht der beliebtesten Hunde Anfang/Mitte der 50er Jahre und ihre Größen.

Airedale (Terry) stehend	8,10,17,22,28,35 cm
Airedale (Terry) auf Rädern	43, 50 cm
Foxterrier (Foxy) stehend	8,10,17,22,28,35 cm
Foxterrier (Foxy) auf Rädern	43, 50 cm
Foxterrier (Foxy) sitzend	10, 14, 17 cm
Bully stehend	10, 17, 22 cm
Boxer (Sarras) stehend	17, 22 cm
Boxer (Sarras) sitzend	10, 14 cm
Boxer (Sarras) auf Rädern	50 cm
Bernhardiner stehend	10, 13, 22 cm
Bernhardiner auf Rädern	50 cm
Dalmatiner (Dally) sitzend	10, 17, 28 cm
Pekinese (Peky) stehend	8, 10, 14, 22 cm
Dachshund (Waldi) stehend	17, 22, 28 cm
Dachshund (Waldi) auf Rädern	17, 22 cm
Jungdackel (Bazi) stehend	10, 14 cm
Jungdackel (Bazi) auf Rädern	14 cm
Jungdackel (Bazi) sitzend	10, 12, 17 cm
Jungdackel (Beppo) stehend	10, 17 cm
Cocker (Cockie) stehend	10, 17, 25 cm
Cocker (Cockie) sitzend	10,14,17,22,28 cm
Cocker (Cockie) liegend	35 cm
Scotty stehend	10,14,17,22,25,28,35 cm
Scotty	

Rauhhaardackel Raudi, 17 cm, ab 1965; Junghund Molly, 17 cm, seit 1925 im Programm, das abgebildete Exemplar ist von 1960; Cocker Spaniel Cockie, 17 cm, ab 1951; Collie, 25 cm, ab 1960.

Pudel Snobby, grau, 14 cm, ab 1953; Mopsy-Hund, 12 cm, ab 1960; Cocker Spaniel Revue Susi, 12 cm, ab 1959.

auf Rädern	14, 17, 43 cm
Sealyham	
stehend	10,14,17,22,25,28,35 cm
Sealyham	
auf Rädern	14, 17, 43 cm
Pudel (Snobby)	
stehend	10, 14, 22, 35, 43 cm weiß, grau, schwarz
Pudel (Snobby)	
liegend	35 cm, grau, schwarz
Pudel (Snobby)	
auf Rädern	50 cm grau, schwarz
Schäferhund (Arco)	
stehend	10, 17, 22 cm
Schäferhund (Arco)	
auf Rädern	43, 50 cm
Schäferhund (Arco)	
liegend	22, 35, 50 cm
Setter	
auf Rädern	43, 50 cm
Molly	
sitzend	10, 13, 17, 22, 25 cm
Spitz	
sitzend	10 cm
Polarspitz (Chow)	
stehend	12, 17, 25 cm
Schnauzer (Tessie)	
stehend	10, 14, 22 cm
Mopsy-Hund	
sitzend	12, 22 cm
Beagle-Hund (Biggie)	
stehend	10, 17, 25 cm
Dackel (Hexie)	
stehend	9, 13, 20, 25 cm
Cocker (Revue Susi)	
sitzend	12, 17, 28 cm
Collie	
liegend	25, 43 cm
Collie	
sitzend	12, 22 cm

Abb. ob. rechts:
links: Jungdackel Bazi, sitzend, 10 cm, ab 1950, US-Fahne; Mitte: Dackel Waldi, 14 cm, 1965; rechts: Bazi stehend, 14 cm, ab 1951.

Foxterrier Foxy, 10 cm, VK ab 1937, NK ab 1951; Airedale Terrier, 10 cm, ab 1951; Schnauzer Tessie, 10 cm, ab 1954; Beagle Biggie, 10 cm, ab 1965; Dalmatiner Dally, 10 cm, ab 1953; Collie, 12 cm, ab 1962.

Abb. Mitte rechts:
Cocker Spaniel Cockie, weiß-schwarz, 12 cm, ab 1960; Pekinese Peky, 8 cm, ab 1953; Cocker Spaniel Cockie, braun, 12 cm, ab 1960; Boxer, 10 cm, ab 1950; Dackel Hexie, 13 cm, ab 1954; Bully, 10 cm, ab 1951.

Fünf stehende Katzen, die oft verwechselt werden. Von links nach rechts: Katze Tabby, 7 cm, Mohair, braun gestromelt, 1928. Angora Katze, 7 cm, weißer langfloriger Mohairplüsch. Schön sind die rosa eingefärbten Ohren zu sehen, Anfang 20er Jahre; Katze Tabby, 7 cm, Mohair, grau gestromelt, Auf dem Rücken durchgehende Tigerzeichnung. Ende der 30er Jahre; Katze Tapsy, 8 cm, Mohair, braun gestromelt, ab 1959; Katze Tabby, 10 cm, Mohair, grau gestromelt, unterbrochene Tigerzeichnung auf dem Rücken, Ende 50er Jahre. Alle fünf Katzen haben keinen Drehkopf.

Vier sitzende Katzen, die oft verwechselt werden. Mitte: Katze Fluffy, 12 cm, grau-weißer Mohair, 1926; rechts: Katze Susi, 17 cm, grau gestromelt, Kunstseidenplüsch, blanker Knopf, 1946; links: Katze Susi, 14 cm, grau-weißer Mohair, getigert, Drehkopf, späte Version, 1956; Mitte oben: Katze Susi, 14 cm, Mohair, grau-weiß getigert, 1952. Alle vier Katzen haben einen Drehkopf und sind mit Holzwolle gestopft.

Links: Gussy, 12 cm, weiß-schwarzer Mohair, eingesetzte Samt-Gesichtsmaske, 1952; rechts: Kitty, 10 cm, gegliedert, weiß-grauer getigerter Mohair, Kopf beweglich; 1954.

Seltene Hunde sind Afghane Corso, Electrola Fox, Bernie Samarit (Bernhardiner mit Faß), Laika (Sputnik-Hund), Rolly (Dalmatiner), Snobby (französische Schur), Raudi (Rauhaardackel), Basset (Hush Puppie-Hund), Ballhund Mopsy und Walther-Pudel (Werbemittel).

Katzen

In der Rangfolge der beliebtesten Haustiere gleich nach dem Hund steht zweifelsohne die Katze. Die Gruppe derer, die speziell nur Steiff-Katzen sammeln, ist sehr groß. Das Thema Katzen scheint überhaupt unerschöpflich zu sein. Bei Kindern sind Plüschkatzen sehr beliebt, da sie zum Streicheln animieren, nicht fauchen, sondern, wenn sie mit Stimme versehen sind, quietschen und maunzen. Der Gesichtsausdruck der frühen Katzen um 1900 war noch recht einfach. Dies änderte sich in den darauffolgenden Jahren. Bis um 1955 wurden Katzen sehr naturgetreu hergestellt. Vergleichen wir aber eine Katze aus den 50er Jahren mit einem Nachfolgemodell der 60er/70er Jahre, so können wir doch erhebliche Unterschiede feststellen. Frühe Katzen haben runde, kleinere und zarte Gesichter. Später ging speziell bei den Katzen Susi, Tabby und Gussy der typische Gesichtsausdruck einer Katze verloren.

Auch die Kopfform sagt viel über das Alter einer Steiff-Katze aus. Den sogenannten Dreieck-Kopf mit weit auseinanderliegenden Ohren haben Katzen der 60er/70er Jahre.

Stehende kleine Katzen gab es über viele Jahrzehnte. Dem Sammler fällt es oftmals schwer, wenn keine Erkennungsmerkmale mehr vorhanden sind, das Alter dieser Katzenart richtig einzuschätzen. Die frühen Katzen sind einfarbig weiß oder grau, die Farbe der Augen ist eher dunkelgraugrün bis petrol. Hellgrüne, tigerähnliche Augen finden wir bei Katzen ab ca. Ende der 50er Jahre. Hat eine Katze auf

Links: Siamy, 11 cm braun-beige, sitzend, Mohair, Samt-Gesichtsmaske, geschlossenes Maul, 1954; rechts: Siamy wie zuvor, jedoch offenes Filzmaul, 1954; beide Drehkopf. Mitte: Schwarzer Kater, 17 cm, Mohair, 1955; darüber: Gleicher Typ schwarzer Kater, jedoch Samt mit Mohair-Schwanz, 10 cm, 1955 und schwarzer Samtkater mit Mohairschwanz, 7 cm, 1955; Kopf nicht beweglich.

Links: Snurry, 10 cm beige-brauner Mohair, weich gestopft, aufgestickte Schlafaugen 1964. Mitte: Fiffy, 12 cm, weiß-grau gestromelter Mohair, sehr weich, 1955, sehr selten. rechts: Fiffy gleiche Ausführung, 17 cm, 1955. Alle drei beweglicher Kopf

dem Rücken eine durchgehend getigerte Zeichnung, handelt es sich immer um ein Modell aus den 50er Jahren.
Kitty zählt zu den sehr bekannten Katzen. Die schlanken zarten Kittys stammen aus den frühen 50er Jahren. Sie sind voll beweglich, grau gestromelt, mit weiß abgesetzten Pfötchen und weiß eingesetzter Schnauze. Die etwas molligeren mit dickem, breiten Kopf sind die späteren Modelle aus den 60er Jahren (Herstellung bis 1970).
Die Katzen Tabby, Susi und Kitty wurden ab Katalog 1951 in Mohair in insgesamt 14 Varianten angeboten. Susi wurde zur beliebtesten und häufigsten Katze und blieb bis 1978 mit wechselnder Kopfform im Verkaufsprogramm.
Katzen der Nachkriegszeit bis ca. 1955 sind von den Proportionen und vom Ausdruck her den Vorkriegsmodellen zum Verwechseln ähnlich und werden oftmals, sofern der Knopf fehlt, auch für solche gehalten.
Neuentwicklungen waren 1952 die schwarzweiße Gussy in 2 Größen und die sitzende Siamy mit offener Schnauze. Siamy, nach dem 2. Weltkrieg nur im Katalog 1954/55 angeboten, hat einen Drehkopf und blaue Glasaugen.
Die sitzende Musik-Katze Kitty und die liegende Katze Fiffy (12,17 und 25 cm) waren Neuentwicklungen des Jahres 1955.
Weitere interessante Katzen sind die stehende braun-beige Tapsy (1959), der Kater Kalac (1964) und die liegende Katze Snurry mit aufgestickten Schlafaugen (1964).
Folgende Katzen aus Dralon sind auch erwähnenswert: Cosy Kitty, weiß-grau, stehend (1955); Cosy Minka, weiß, stehend (1962); Cosy Sulla, grau-weiß, stehend (1965); Perserkatze Diva, sitzend in weiß oder grau (1967) und Angorakatze Diva, liegend, in weiß oder grau (1968).
Insgesamt zählen Katzen zu den beliebtesten und somit häufigsten Tierarten, und der Sammler findet sie relativ oft. Dies gilt vor allem für Modelle wie Tabby, Susi, Floppy-Kitty und den schwarzen Kater.
Bereits im Neuheiten-Katalog 1950 ist der schwarze karikierte Kater Tom Cat in 8 und 10 cm aus Samt mit Mohairschwanz und in 14, 17 und 22 cm aus Mohairplüsch abgebildet. Er ist optisch sehr gelungen. Da der schwarze Kater auch zu passenden Anlässen als Glückssymbol verschenkt wurde, war er sehr lange Zeit im Programm und ist deshalb heute nicht selten.
Sehr selten ist die liegende Katze Fiffy in der Größe 12 cm. Obwohl sie eine sehr natürliche Katzenhaltung einnimmt, war sie nicht sonderlich gefragt und nur sehr kurz um 1955 im Verkaufsprogramm.

Hinten: Kälbchen Bessy, 12 cm, ab 1958; Ochse Oxy, 14 cm, 1954-1958, selten; vorne: Kuh Bessy, 17 cm, 1958-1973; Original-Teddy, caramel, 20 cm, ab 1951, dieses Exemplar ist von 1964, Kleidung nicht original.

Hoftiere

Rosa Schweine werden sehr gerne als Glücksbringer gekauft und verschenkt. Seit den 50er Jahren gab es sie in 4 Größen. Die 7 cm Größe ist aus Samt, 10, 17 und 22 cm aus Mohair.
Ochsen und Kühe haben sehr natürliche Formen. 1954/55 erschienen zwei braun-weiß gefleckte Ochsen auf roten Scheibenrädern in den Größen 43 und 50 cm zum Nachziehen. Die frühen Ausführungen bekamen Hörner und Hufe aus Leder, später wurde Filz verwendet. Kurze Zeit wurde in den 50er Jahren der Ochse Oxy in 10, 14 und 22 cm angeboten. Die Kuh Bessy wurde in 3 Größen, 12, 17 und 25 cm verkauft, die zwei großen haben Euter aus Filz.

Esel waren in den ersten zwei Jahrzehnten dieses Jahrhunderts beliebter als in den 50er und 60er Jahren. Der 12 cm große Esel ist aus Samt, in 22, 28, 35, 50 und 80 cm aus Mohair. Der 35, 50 und 80 cm große hat Scheibenräder zum Nachziehen. Ab 1960 wurde der Dralon-Esel Grissy in 22, 35 und 50 cm, als Reit-Esel mit Scheibenrädern und als Wiegen-Esel mit Stahlrohrwiege in 60 cm angeboten. Ebenfalls ab 1960 gab es in den gleichen Größen und Ausführungen das Shetland Pony Sheddy aus Dralon.
Pferde waren vor allem als Reit- und Fahrtiere in den 50er und 60er Jahren bei Kindern sehr beliebt. Die weißbraun gefleckten Pferde auf blauen Scheibenrädern in den Größen 43 - 100 cm tragen eine grüne Filzdecke und rotes Sattel- und Zaumzeug.
Es mußte aber nicht immer ein komplettes

Esel, 14 cm, ab 1956; Schwein, 7 cm, ab 1953; Spielpferd Ferdy, 18 cm, ab 1965; Pony, 12 cm, 1951-1976

Lamm Lamby, 14 cm, 1951-1976; Ziege Zicky, 14 cm, ab 1952; Heideschaf Snucki, 12 cm, ab 1959.

Pferd sein, beliebt waren auch die bekannten Steckenpferde. In Holz mit roten Holzrollen am Ende des Stabes gab es sie in 95 cm Länge. Die 100 cm-Version hatte einen Kopf aus Filz und ebenfalls rote Holzrollen.

Sehr bekannt ist das weiß-braun gefleckte Pony, das von 1951 bis 1976 in 12 und 17 cm produziert wurde. Das gleiche Modell, aber mit offenem Maul, wurde in 22, 28 und 35 cm als Pferd angeboten.

Fohlen, 14 cm aus Samt und 28 cm aus Mohair, sind nicht so häufig.

Weiße, weiß-schwarze und schwarze Lämmer aus Wollplüsch gab es in 10, 14, 22, 28 und 35 cm und weiße Lämmer mit Scheibenrädern aus Gummi in 43 und 50 cm.

Ziegen gab es stehend in 10 cm, 14 cm mit Holzhörnchen und 22,28 und 35 cm mit Hörnern aus Filz, eine 14 cm-Größe auch auf roten Holzrädern zum Nachziehen.

Das Heideschaf Snucki kam 1959 in drei Größen, 12, 17 und 22 cm ins Programm.

Die liegenden Floppy-Tiere aus dem Bereich Haus und Hof mit aufgestickten Augen waren als weiche Schlaftiere sehr beliebt. Heute finden Sammler sie uninteressant. Dies gilt auch für alle Haus- und Hoftiere aus Dralon.

Katze Susi, 18 cm, 1951-1953

*Hase „Niki", 26 cm,
1951-1962*

Wald und Feld

Im Wald- und Feldbereich sind die Hasen sehr zahlreich vertreten. Sie gehörten schon sehr früh vor der Jahrhundertwende zu den Lieblingstieren der Kinder. Wald-, Feld- und Stall- oder gar Osterhasen aus Plüsch als Geschenk zu Weihnachten oder zum Geburtstag zu kaufen oder zu verschenken – auf diese Idee wäre um die Jahrhundertwende und auch später wohl kaum jemand gekommen. Für den Sammler von alten Steiff-Tieren sieht es ganz anders aus. Für ihn gibt es kein Saison-Sammeln, er muß zugreifen, wenn er ein vielleicht schon lang gesuchtes Tier endlich kaufen kann. So kommt es oft vor, daß ein Sammler nicht gerade zur Jahreszeit passend ein Steiff-Tier geschenkt bekommt oder auch an einen anderen Sammler weitergibt. Und so macht auch der seltene Santa Claus von Steiff vor keinem Osternest halt.

Spielzeug-Hasen waren schon immer ein sogenanntes Saison-Geschäft. Steiff druckt seit den 50er Jahren bis heute spezielle Osterkataloge in kleiner Auflagenhöhe und manchmal mit nur wenigen Seiten. Hier sind dann die Neuheiten zur Osterzeit des jeweiligen Jahres dargestellt. Es sind überwiegend Lämmer und Hasen. Sie sind als Tiergattung den Kindern wohlvertraut, und es gibt sie in den unterschiedlichsten Ausführungen. Da der Hase in freier Natur seinen Körper in jeder Situation beherrscht und ein Meister der Verwandlung ist, müssen auch die Schnitte der Spielzeughasen sehr detailliert und in vielen Haltungen entworfen und gefertigt werden.

Anfang der 90er Jahre brach in den USA der große Hasen-Sammel-Boom aus. Es war zu dieser Zeit in Deutschland sehr schwer, noch einigermaßen preisgünstige Hasen zu bekommen. Sie wurden gehortet, meistbietend angeboten und verschwanden für einige Zeit von den Spielzeugbörsen fast ganz.

Diese Trends sind auch bei anderen Tiergattungen manchmal zu beobachten, zum Glück hat sich die Hasenknappheit wieder etwas gelegt. Heute kann der Sammler nicht nur vor dem Osterfest hoffen, daß doch ein alter Meister Lampe in sein Osternest hoppelt.

Kleine Hasen sind nicht so häufig. Entweder gingen sie aufgrund ihrer Winzigkeit verloren,

Sonny-Hasen in unterschiedlichen Ausführungen: (genaue Beschreibung s. Text)

Links: Jungreh, 14 cm, Mohair, ab 1954; Mitte: Bambi nach Walt Disney, 22 cm, Samt, ab 1951; rechts: wie Mitte, jedoch 15 cm.

Seite 47: Aufwartender Hase, 10 cm, 1951-1974, ab 1966 mit Namen Manni; springender Hase, 8 cm, 1951-1974, ab 1974 mit Namen Hoppy; Schlenkerhase Lulac, 43 cm, 1952-1973; oben: Hase Ossi, 23 cm, ab 1962; Mitte: vollbeweglicher Hase Niki, 17 cm, 1951-1962; rechts: Babyhase Sassy, 22 cm, ab 1955.

Eichhörnchen Perri, nach Walt Disney, Mohair, 17 und 22 cm, von 1959-1980; 12 cm bis 1983.

Liegende Igel, 6 und 18 cm, ab 1966; aufwartender Igel Joggi, 12 cm, mit Drehkopf, ab 1951.

oder sie wurden als sogenannte „Handschmeichler“ (Netsuke aus Plüsch) verwendet und sind sehr abgegriffen und bespielt.

Der beliebteste und einer der häufigsten kleinen Hasen ist der sitzende Sonny. Dieses Hasenmodell gab es in den Größen 15 und 18 cm ab den 30er Jahren bis 1961/62, ohne Namensbezeichnung. Zusätzlich in 8 und 9 cm kam er 1951 ins Programm. Der 8 cm große Hase blieb bis 1974, der 9 cm große bis 1969 im Verkaufsangebot. Das Nachfolgemodell zum 30er-Jahr-Typ wurde ab 1966 in 10, 17 und 22 cm angeboten. 10 und 17 cm blieben bis 1976 und 22 cm bis 1974 im Programm. Erst ab 1966 erhielt er den Namen Sonny.

Ein springender Hase wurde in 8 cm von 1951 bis 1974 angeboten. 1974 erhielt der den Namen Hoppy, es gab ihn dann auch in 14 und 17 cm, in 14 cm auch auf roten Holzrädern, den Record-Hansi, einen voll beweglichen Hasen als Selbstfahrer auf roten Holzrädern, nur in 25 cm Größe, in gleicher Ausführung, voll beweglich, den Niki-Hasen ohne Räder in 14, 17, 22, 28 und 35 cm.

Der aufwartende Hase wurde ebenfalls in 8 cm von 1951 bis 1974, seit 1966 mit Namen Manni auch in 10, 20, 30, 40 und 55 cm angeboten.

Ein liegender Hase in 6 cm, von 1952 bis 1970, seit dem Ende der 50er Jahre dann auch in 9 und 12 cm produziert, hat weiß-schwarze Schielaugen und schaut ganz lustig.

Der Schlenkerhase Lulac, mit langen Armen und Beinen in 43 cm wurde von 1952 bis 1973 hergestellt, die 60 cm große Version nur 1965/66. Der Ricoh-Hase, 43 cm, mit rotem Körper, weißem Kopf und Pfoten ist nach gleichem Schnitt gearbeitet. Er trägt eine Mütze und einen Schal aus blauem Filz.

Baby-Hase Sassy ist weich gestopft, hat einen starren Körper und wurde ab 1955 hergestellt,

Eichhörnchen Possy, 14 cm, hellbraun, 1957-1967; Mäuse Pieps, grau und weiß, 8 cm, ab 1958; Dachs Diggy, 10 cm, ab 1959; Murmeltier Piff, 10 cm, ab 1962.

Hamster Goldy, 10 cm, Drehkopf, ab 1955; Goldy, 14 cm, starrer Kopf, offenes Samtmaul, ab 1955.

seine Größe ist 22 oder 30 cm.
Sehr beliebte Hasen der 60er und 70er Jahre sind Pummy aus Mohair/Dralon; Sitzhase Niki aus Dralon; Hase Ossi, Mohair/Dralon; Schlaftier Floppy-Hansi aus Mohair; der schwarz-weiße Timmy und der Sitzhase Lausi, beide aus Dralon.
(Angezogene Hasen siehe Puppen und Figuren)
Die meisten Tiere aus dem Bereich Wald und Feld sind häufig.
Rehe in den unterschiedlichsten Ausführungen wurden angeboten. Das beliebteste war

Fuchs Xorry, 11 cm, ab 1960; Wildschwein, 15 cm, ab 1969; Frischling, 10 cm, ab 1962.

Gemse, 17 cm, ab 1962; Steinbock Rocky, 14 cm, ab 1963; Elch Moosy, 14 cm, nur 1963/64.

Fledermaus Eric, 10 cm, Mohairkörper mit Draht-/Chenille-armen und -beinen, Filzohren, Flügel aus Kunststoff-Folie; 17 cm wie beschrieben, jedoch Draht-arme und -beine mit Mohairüberzug; 1960-1962, selten.

Spinne Spidy, 12 cm, nur 1960-1962; Eidechse, Lizzy 20 cm, nur 1959-1962; Schnecke Nelly, blau, 10 cm, nur 1962/63.

das Jungreh in 12 cm aus Samt und in 14, 17 und 22 cm aus Mohair. Als Osterneuheit kam das liegende Reh 1954 in 14 und 17 cm in den Verkaufskatalog. Sehr imposant stellt sich der Rehbock mit Gehörn in 35 cm dar, passend dazu gab es die Rehgeiß in 28 cm. Sie wurden bis in die 70er Jahre produziert. Ein liegendes Rehkitz, 35 cm lang in Mohair mit eingesetzter Brust aus Dralon kam 1966 in den Verkauf.
Das Bambi nach Walt Disney gab es aus Samt in den Größen 14 und 22 cm ab 1951. Es gilt heute immer noch als eines der häufigsten Steiff-Tiere.
Eichhörnchen gab es in unterschiedlichen Ausführungen, Farben und Größen. Das bekannteste ist Perri nach Walt Disney aus dunkelbraunem Mohair in 12, 17 und 22 cm. Das Eichhörnchen Possy gab es in braun/weiß und grau/weiß in 10, 14 und 22 cm.
Dachs Diggy ist aufwendig vom Schnitt und 10 und 15 cm groß. Murmeltier Murmy ist aufwartend, aus Kurzmohair, Igelplüsch und Filz in den Größen 10, 17 und 25 cm gearbeitet. Die Maus Pieps aus Mohair mit langem Filzschwanz gibt es in grau/weiß mit schwarzen Augen und in weiß mit roten Augen in 10 cm.
Hamster Goldy, 10 und 14 cm war ein sehr beliebtes Spielzeug ab Mitte der 50er Jahre. Igel Joggi gab es aufwartend und liegend ab Anfang der 50er Jahre.
Füchse kamen in unterschiedlichen Ausführungen Anfang der 50er Jahre mit Drehkopf bis 1959 und das Nachfolgemodell Xorry springend mit starrem Kopf ab 1960 ins Verkaufsprogramm.
Einen Frischling gab es in 7 cm aus Samt ab 1952 und in Mohair und blau-schwarzen Augen ab 1962, ebenfalls in diesem Jahr Wildschweine in 20 cm und ab 1969 in 15 cm, ab 1969 Maulwurf Maxi und ein Stinktier.
Im Hauptkatalog 1957/58 erschien das Rentier Renny in 13 und 22 cm, Anfang der 60er Jahre die Gemse in 12 und 17 cm, und der Steinbock Rocky in 14, 22 und 28 cm. Der Elch Moosy in 14 und 25 cm kam 1963 und blieb nur zwei Jahre im Verkaufsprogramm, dagegen das Rentier Renny 15 Jahre. Aus Dralon waren ab den 60er Jahren Wiesel Waggy, Hermelin Wiggy in 12 cm und Chinchilla Gogo in 15 cm im Angebot. Sie sind ebenso wie der liegende Dachs Diggy, 32 cm lang, nur 1963/64, der Wolf Loopy, 25 und 35 cm, nur 1964 und der Luchs Luxy, 17 und 25 cm nur 1963 im Angebot und selten.
Die Possierlichkeit und das Kuschelige des Spieltiers steht hier nicht immer im Vordergrund.
Besonders beliebt sind heute bei Sammlern Schnecke, Eidechse, Spinne und Fledermaus. Sie waren Anfang der 60er Jahre teilweise nur zwei Jahre im Angebot. Das Material war zu empfindlich und ihre Überlebenschancen waren gering.
Das höchste Glück eines Jungsammlers, der noch nicht viele Tiere erwerben konnte, ist der Besitz einer Fledermaus. Es ist allgemein bekannt, daß die Fledermaus eines der seltensten Steiff-Tiere nach 1950 ist. Heute noch eine völlig unbespielte, mit allen Markenzeichen ausgestattete Fledermaus zu bekommen, ist schwer. Natürlich ist die Fledermaus aufgrund ihrer Verarbeitung von Kunststoff, Pfeifenreinigern und zartem Mohairkörper sehr empfindlich, und wenn ein Kind sie in den 60er Jahren zum Spielen bekam, ist wohl heute nicht mehr viel davon übrig geblieben. Ein weiterer Grund, warum Fledermäuse so rar geworden sind, ist, daß sie nur drei Jahre im Verkaufsprogramm der Firma Steiff waren. Auf der Suchliste eines Jungsammlers steht sie meist an 1. Stelle. Er sollte sich jedoch überlegen, ob er das Finden einer Fledermaus nicht doch lieber dem Zufall überläßt, als ihr mit allen Mitteln und hohem finanziellen Einsatz hinterherzujagen.

Wasser und Ufer

Wasser- und Ufertiere waren als Spieltiere aus Plüsch nicht sehr erfolgreich. Zu den beliebtesten zählten Fisch, Schildkröte und Frosch. Sie waren ausdrucksvoll in den Farben, sehr dekorativ und typische Mitbringsel von Tanten und sonstigen Verwandten für den kleinen Jungen. Den Fisch Flossy gab es als Blaufisch und als Goldfisch von 1960 bis 1981, den Buntfisch in gelb/braun nur von 1961 bis 1964, jeweils in den Größen 10, 22 und 50 cm. Der lenkbare Reitfisch in blau war ab 1965 im Angebot.
Die Schildkröte Slo aus Mohair mit Gummipanzer wurde in 10 und 14 cm Länge hergestellt. Ab 1958 wurde eine weichgestopfte 22 cm große Schildkröte komplett aus Mohair angeboten.
Frosch Froggy gab es aus Samt seit 1953 in 8 und 10 cm, aus Mohair in 28 cm Länge seit 1959 und in 20 cm Länge seit 1961.
Seehund Robby, ab 1954, und Walroß Paddy, ab 1959, beide in 10, 14 und 22 cm groß und das Krokodil Gaty, 34 cm lang waren ebenfalls mehr Spieltiere für kleine Jungen. Gaty gab es noch in einer Länge von 70 cm.
Wassertiere, die sicherlich nicht als Spieltiere geeignet sind, in Form und Farbe so hervorragend zu gestalten, wie es beim Hummer in Plüsch und Filz gelungen ist, erfordert wohl ei-

Seepferd Cosy Sigi, 20 cm, Dralon, weich gestopft, nur 1959. Hummer Crabby, 10 und 17 cm, Filz, 1963-1966.

Walroß Paddy, 14 cm, ab 1959; Seehund Robby, 14 cm, ab 1954; Krokodil Gaty, 35 cm, ab 1957.

Biber-Familie Nagy, aus naturfarbenem Igelmohair, 10 und 17 cm, ab 1958; 25 cm, ab 1960; 17 und 25 cm mit Drehkopf und Druckstimme.

Frosch Froggy, Samt, 8 und 10 cm, ab 1953; Schildkröte Slo, 10 und 14 cm lang, mit PVC-Panzer, ab 1955; Fisch Flossy, 10 und 20 cm lang, 1960-1978.

ne gute Beobachtungsgabe und ist eine besondere Kunst. Hierbei sind aber auch genaue Fachkenntnisse in Bezug auf Materialverarbeitung notwendig sowie der gekonnte Umgang mit Farben, Schablone, Stopfmaterial und Garnierung.
Der Hummer Crabby wurde in 10 und 17 cm Länge aus Filz von 1963 bis 1966 und in 28 cm in Mohair nur 1963/64 produziert. Das Seepferd Siggi läßt Humor und Witz erkennen. Es wurde nur 1959 in 20 und 28 cm aus Dralon hergestellt.

Beide, Hummer und Seepferd, sind gute Beispiele nicht-alltäglicher, schöner Steiff-Tiere. Zu den Wasser- und Ufertieren wird auch die Biberfamilie in 10, 17 cm (ab 1958) und 25 cm (ab 1960) gerechnet.

Nicht hören – nicht sprechen – nicht sehen! Drei Schimpansen Jocko, 80 cm, links und Mitte US-Zone, 1951, rechts 1955. Alle mit Druckstimme, voll beweglich, brauner Mohair.

Wildnis

Tiere der Wildnis sind überwiegend nicht possierlich. Sehr lustig und beliebt allerdings waren schon seit der Jahrhundertwende Affen jeglicher Art.
Der dunkelbraune Schimpanse, der ab Anfang der 50er Jahre bei Steiff Jocko genannt wurde, ist kein seltenes Sammelobjekt. Jedoch der kleinste Jocko in 10 cm ist im einwandfreien Zustand nicht so häufig zu finden, da er wie kleine Teddybären als sogenannter Handschmeichler in jede Handtasche passte und oft verloren ging. Manchmal sieht man diese kleinen Äffchen total ausgeblichen, da sie viele Jahre als Automaskottchen dienten. Jockos ab 50 cm sind selten, da sie schon in den 50er Jahren nicht ganz billig waren. In den Größen 10, 15 und 25 cm hat Jocko einen geschlossen Mund. Bei den Größen 35, 50, 60 und 80 cm ist der Mund offen. Das erste Schnittmuster eines Schimpansen entstand bei Steiff um 1908. Er wurde in fast unveränderter Form in dunkelbraunem Mohair bis in die 70er Jahre produziert. Jockos ab 1967 haben nicht mehr die stark angewinkelten Beine und die 10 und 15 cm großen Jockos haben Biegeglieder.
Aufgrund dieser langjährigen Vertriebszeit ist der dunkelbraune Steiff-Jocko in den üblichen Größen um 18 cm bis 35 cm heute nicht selten. Typisch für diese Affenart sind die angewinkelten Beine. Gesicht, Ohren, Hände und Füße sind aus Filz und Jocko hat keinen Schwanz. Markant sind die abgenähten Augenlider sowie der weiße Plüschbart.
Neben dem Zotty, der ja als der beliebteste Teddy der Nachkriegszeit gilt, ist der übliche dunkelbraune Jocko ab den 50er Jahren das beliebteste und häufigste vollgeliederte Steiff-Tier aus dem Bereich Wildnis. Er fehlte wohl in keinem Kinderzimmer. Der Name Jocko ist

Von links: Jubiläumselefant, gummierte Decke, Nr. 6307,0, nur 1955, sehr selten; Elefant, gummiähnliche rote Decke, Nr. 6307,00, 1956 bis Anfang 60er Jahre; Elefant, rote unbedruckte Filzdecke, Nr. 0500/07, Anfang 60er Jahre bis 1975, häufig.

Okapi, 14 und 28 cm, Samt, von 1958 bis 1970; 43 cm, Mohair, von 1958 bis 1964.

Elefant, 10 cm, grau, rote Filzdecke, Kunststoff-Stoßzähne, 1950-1977. Elefant, 22 cm, Stoßzähne und offenes Maul aus Filz, ab 1952 bis Anfang 70er Jahre.

Weichelefant Jumbo, 22 cm, ab 1952; Nilpferd Mockie, 10 cm; Nashorn Nosy, 10 cm, beide ab 1954.

Schimpanse Jocko, weiß, 15 cm, dieses Exemplar ist aus den 50er Jahren. Es gab diesen Typ aber auch schon vor dem 2. Weltkrieg. Buntaffe Mungo, 17 cm, ab 1957. Pavian Coco, 14 cm, ab 1951.

Links und Mitte: Löwe Leo, Replik, 35 und 21 cm, 1984; rechts: Original von 1956, 21 cm.

Kängurubs: links Kangoo, 14 cm, mit Filzohren, 1953-1965; Mitte: Linda, 28 cm, mit Mohairohren innen Filz, Arme gescheibt, 1967-1974; rechts: Kangoo, 14 cm, mit Mohairohren, 1966-1967.

zum Inbegriff des Affen überhaupt geworden. Weiße Jockos wurden wegen ihrer Schmutzanfälligkeit nicht so häufig gekauft.

Ab 1951 wurde der graue Pavian Coco stehend in 10, 14 und 22 cm Größe angeboten. Der große Bruder in der Coco-Familie, der Mantelpavian mit langer Mähne in 35 cm, wurde von 1951 bis 1962 angeboten. Der Mungo, aus der Familie der Buntaffen ist sehr farbenfroh. Er hat einen langen Biegeschwanz und kam 1957 in den Verkauf. Der Gibbon-Affe hat Schlenkerglieder. Beide Affen, Mungo und Gibbon haben eine Gesichtsmaske aus Dralon. Vollständig aus Dralon ist der graue Gorilla Gora, ab 1962, und der hellbraune Buntaffe Hango, ab 1963.

Die Steiff-Geschichte begann ursprünglich mit einem kleinen Elefanten (s. Chronik), und Elefanten wurden schon in umfangreichem Maße in vielen Varianten seit den Anfängen der Steiff-Fabrikation hergestellt.

Zwischen 1950 und 1952 wurden neue Elefantenmodelle eingeführt. In ihrer Form plumper, waren sie 1957 in 7, 10, 17, 22 und 35 cm stehend ohne Räder und in 28 cm auf blauen Holzrädern zu haben. In sechs Größen von 35 bis 100 cm bekamen sie blaue Scheibenräder.

7 cm große Elefanten gab es nach dem 2. Weltkrieg erstmals 1955 und nur in diesem einen Jahr mit gummierter, roter Decke mit der Aufschrift 1880 - 1955, der Zahl 75 usw. Dieser Jubiläumselefant wurde speziell von der Firma Steiff zum 75-jährigen Firmenjubiläum entworfen: mit den weiß bemalten Holzzähnen und schwarzen Glasaugen. 1956 wurde er abgelöst von einem gleichen Elefanten, dessen Decke nur noch mit Bärenkopf und Steiff-Schriftzug bedruckt wurde. Die Stoßzähne wurden ab Ende der 50er Jahre aus Kunststoff gefertigt. Er blieb in dieser Version bis Anfang der 60er Jahre im Programm. Dieser kleine Elefant, der also ca. 7 Jahre angeboten wurde, wird immer wieder als Jubiläumselefant bezeichnet, was natürlich falsch ist. Der Sammlerwert des nur ein Jahr lang produzierten Jubiläumselefanten ist ca. doppelt so hoch wie

Hinten: Wüstenfuchs Xorry, 12 cm, ab 1957; Tiger, liegend, 17 cm, ab 1953; Tiger, springend, 10 cm, ab 1956; rechts: Löwe Leo, sitzend, 12 cm, ab 1956; vorne: Löwin Lea, 11 cm, ab 1956; Löwe, Leo stehend, 10 cm, ab 1964.

Zebra 12 cm, ab 1952; Dromedar, 14 cm, ab 1953; Giraffe, 14 cm, ab 1953; Lama, 17 cm, ab 1957.

der Sammlerwert des später produzierten Elefanten mit gummierter Decke ohne aufgedruckten Jahreszahlen.

Liebling der Kinder wurde 1952 der Weichelefant Jumbo in 22 cm und ab 1958 in 35 cm. Er sitzt, seine Beine sind starr, die Arme beweglich und er hat ein rotes Lätzchen um den Hals. Der Elefant Cosy-Trampy gehört zu den ersten Dralontieren, die ab 1956 hergestellt wurden.

Nashörner und Nilpferde von Steiff sehen eher lustig als gefährlich aus. Sie heißen Nosy und Mockie, wurden in 10 und 14 cm ab 1954 und in 17 cm ab 1957 hergestellt.

Seine aufwendige Bemalung macht das Okapi zu einem grazilen Steiff-Tier. Es erschien 1958. Die beiden Samtversionen in 14 und 28 cm waren bis 1970 im Katalog, die Größe 43 cm nur bis 1964. Känguruhs gab es mit und ohne Bauchtasche. Dies ist keine Frage des Namens, sondern des Alters. Das Känguruh Kangoo wurde erstmals 1953 in 14 und 28 cm vorgestellt und zwar ohne Bauchtasche und ohne Baby. Im gleichen Jahr kam die 50 cm-Größe ins Programm, mit Bauchtasche und 10 cm großem Samtbaby. Die 65 cm große Ausführung mit einem 14 cm großen Samtbaby und wurde von 1959 bis 1966 gefertigt. Erst ab 1960 gab es die Größen 14 und 28 cm mit Bauchtasche und mit einem 3,5 cm großen Kunststoffbaby. Erst seit 1967 hieß das Känguruh Linda, es blieb bis 1974 im Angebot.

Giraffe, Zebra, Dromedar und Lama waren besonders in den 50er und 60er Jahren in der kleinsten Größe zwischen 10 und 14 cm beliebte Sammelobjekte für Kinder. Nicht so bekannt und gefragt waren Bison und Springbock, die es von Steiff nur nach dem 2. Weltkrieg kurzzeitig gab.
Sehr erfolgreich waren Wildkatzen, obwohl sie ja von Natur aus nicht unbedingt zum Spielen animieren.
Mitte der 50er Jahre gab es große Reitlöwen auf Scheibenrädern in 43 und 50 cm mit Brüllstimme. Speziell als Löwenfamilie wurden ein vollbeweglicher Löwe, eine Löwin und ein Junges, sowie zwei sitzende Löwenjunge angeboten, ebenso zwei liegende Junglöwen in 28 und 60 cm, und liegende Mähnenlöwen in 22, 35 und 50 cm.
Die Haltung der Tiger, Löwen und Leoparden ist vielfältig. Es gab sie liegend, stehend, springend, sitzend, gegliedert, schlafend und halbkreisförmig liegend.
Wer erinnert sich nicht an das beliebte Dekorationsstück der 50er/60er Jahre, an den Löwen mit wallender Mähne, im Halbkreis liegend auf der Hutablage im Auto.
Den Leopard gab es nur liegend in 28 und 60 cm und Ende der 50er Jahre springend in 10, 14 und 17 cm.
Tiger waren ebenfalls liegend in 17, 28, 43 und 60 cm und springend 10, 14 und 17 cm im Programm: Jungtiger vollbeweglich in 10 und 14 cm, eine sitzende 10 cm-Version als kleinster Tiger. Ein Reit-Tiger mit Eisengerippe und Scheibenrädern gab es 50 cm groß.
Der liegende Ozelot in 17 und 28 cm (ab 1964) ist heute selten.

Vögel

Vögel, bzw. ganz allgemein gefiederte Tiere, aus Mohair und fest gestopft, waren bis zu den 50er Jahren nicht sehr umfangreich im Steiff-Sortiment vertreten. Wollminiaturen bildeten da die Ausnahme. Aus Wolle wurden schon in den 30er Jahren die meisten Vogelarten (s. Wollminiaturen) gefertigt. Vögel haben keinen hohen Spielwert, oftmals auch ein schlechtes Stehvermögen. Viele gefiederten Tiere wurden, obwohl sie sehr schön und naturgetreu gearbeitet waren, nach kurzer Zeit wieder aus dem Verkaufsprogramm genommen. Umso seltener sind deshalb heute bestimmte Vogelarten. Eine Ausnahme sind Hühner und Enten.
Ein farbenfroher Hahn ist in 10, 17 und 28 cm in den Katalogen Mitte der 50er Jahre abgebildet. Das passende Huhn in gelb/schwarz mißt 10 und 17 cm. Später von 1966 bis 1976 gab es ein weiß-braunes Huhn in 10, 16 und 25 cm und kleine, ballartige Kücken in 10 und 14 cm superweich.
Sehr ausdrucksvoll der Rabe Hucky in 12 und 17 cm: mit Drehkopf und offenem Schnabel gab es ihn von 1952 bis 1970.
Die Ente gewann durch die 1913 eingeführten Exzenterräder sehr an Natürlichkeit. Sie watschelte seit diesem Jahr in den unterschiedlichsten Ausführungen durch fast alle Kataloge bis in die 70er Jahre. Gelbe und bunte Enten, schwimmend und stehend mit offenen Flügeln, waren seit den 50er Jahren im Angebot. Obwohl die Gans auf Exzenterrädern von 1916 bis 1962 im Verkaufsprogramm war, ist sie nicht sehr häufig. Wahrscheinlich wurde sie wegen ihrem weißen Mohair nicht gerne gekauft. Bekannt und beliebt ist die Gans Tulla, erst 1967 bekam sie diesen Namen. Vorher war sie seit 1952 in 12 und 17 cm namenlos.

Pelikan Piccy, 17 cm, nur 1959-1962; Storch Adebar, 17 cm, 1954-1969.

Adebar

Wellensittich Franzi, 13 cm, ab 1967; Uhu, Wittie 14 cm, ab 1954; Papagei Lora, 12 cm, ab 1962; Wellensittich Hansi, 13 cm, ab 1967.

Spiel-Ente, 11 cm, ab 1952; Gans, 12 cm, ab 1952; Spielente schwimmend/liegend, 10 cm, ab 1953.

Hahn, 17 cm, 1953-1977; Rabe Hucky, 12 cm, 1952-1970; Huhn, 16 cm, 1966-1976.

Von links: Pinguin Peggy, 22 cm, schwarze Samtflügel, US-Fahne, 1952-1956; Pinguin, gleiches Modell wie vor, jedoch in 14 cm, ohne US-Fahne; Pinguin, 15 cm, Schnabel, Flügel und Füße aus schwarzem Leder, ab 1928, sehr selten; Pinguin-Familie (Peggy), 10, 14, 22 cm, ab 1956, alle aus Mohair.

Der Truthahn Tucky wurde von 1952 bis 1962 in 10 und 14 cm hergestellt. Die Wellensittiche Franzi (blauer Samt) und Hansi (grüner Samt) in 13 cm wurden sehr naturgetreu in Haltung und Farbgebung gestaltet, ebenso der Papagei Lora in 12 und 22 cm aus Mohair (seit 1962).

Ab 1954 erfreute sich der Uhu Wittie in 10, 14 und 22 cm größter Beliebtheit. Bei den älteren Modellen sind die Glasaugen mit fluoreszierender Farbe hintermalt. Durch Bestrahlung der Augen mit Licht, leuchten diese im Dunkeln noch für eine gewisse Zeit nach. Dieser gespenstische Effekt sorgte in den Kinderzimmern der 50er Jahre für Aufregung.

Sehr beliebt war auch der Storch Adebar. In 17 cm, aus Filz, mit Drahtbeinen und Kunststoffschnabel war er ein empfindliches Spielzeug, trotzdem lange im Angebot (1954 - 1969). Die Größen 35 und 60 cm gab es von 1954 bis 1966. Seit 1959 bis 1962 gab es den Pelikan Piccy in 17 und 25 cm. Er hat einen offenen Filzschnabel und ist heute nicht mehr häufig zu finden.

Selten und deshalb heute weniger bekannt sind die Plüschvögel Fink und Meise (ab 1955) in jeweils 12 und 17 cm auf Drahtfüßen und die Singvögel Fink, Blaumeise und Gimpel (ab 1959) mit biegbaren Flügeln und Füßen (bis 1962).

1952 kam ein schwarz-weißer Pinguin mit rotem Filzschnabel und roten Filzfüßen ins Verkaufsprogramm. Seine Flügel sind aus schwarzem Samt. Er wurde bis 1956 angeboten und ist heute selten zu haben. 1956 wurde ein Nachfolgemodell in weiß-grau-schwarz mit rotem Schnabel, beigen Füßen und Mohairflügeln in 10, 14, 22 und 35 cm angeboten. Beide Versionen heißen Peggy.

Ab 1969 gab es Tauben aus grauem Mohair und weißem Dralon.

Leider werden Vögel nur als Randerscheinung mitgesammelt, obwohl viele Modelle sehr naturgetreu nachempfunden sind.

Puppen

Typische Filzpuppen mit gepreßtem Filzgesicht, 35 cm, Rauhstoffkörper, Schlenkerarmen und gescheibten Beinen aus Filz. Mohairperücke, Glasaugen, Druckstimme, 1937-1952. Von links: Hansl, Mella, Frieder, sitzende Puppe mit Haarkränzchen und dahinter stehende Puppe: Namen unbekannt, rechts: Cenzi.

Steiff-Puppen waren zu jeder Zeit unter Puppensammlern heiß diskutierte Objekte. Ob Karikatur-, Charakter- oder Spielpuppen, mit ihrem besonderen Reiz haben sie sich in der Puppenindustrie ihren eigenen Platz geschaffen. Um 1890 entwickelte Margarete Steiff die erste Puppe mit unzerbrechlichem Kopf und Filzkörper. Um 1900 erhielten die Puppen Filzgesichter, die Körper wurden auch aus Samt gefertigt. Um 1910 kam die Puppe mit kindlichem Gesicht – eine Charakterpuppe.
Es folgten Karikaturpuppen wie Soldaten und Handwerker aus vielen Berufsständen. Die Kleidung war originalgetreu und sehr gediegen. Zwerge ganz aus Filz waren sehr beliebt. Anfang der 20er Jahre entwickelte der Kunstmaler Albert Schlopsnies für Steiff einen neuen Puppentyp in Aprico-Technik, der einen Kopf aus Celluloid von der Firma Schildkröt erhielt. Er wurde im Steiff-Werk von innen bemalt und mit Holzwolle ausgestopft. Diese Puppe galt sofort als epochemachende Neuheit, war jedoch kein großer Erfolg und nur fünf Jahre lang im Angebot. Anfang der 30er Jahre entwarf Steiff vielerlei Karikaturpuppen wie Clowns, Märchenfiguren und Matrosen. Um 1935 wurde nochmals eine Charakterpuppe mit Celluloidkopf, Schlenkerarmen und Schnappgliedern in den Beinen vorgestellt. Auch sie wurde nur drei Jahre lang angeboten. Ein Puppentyp, der sich sehr erfolgreich bis Anfang der 50er Jahre hielt, ist im Neuheitenkatalog April 1937 beschrieben: „Anknüpfend an die Tradition unserer früher so beliebten Steiff-Puppe bringen wir jetzt die neue Puppe in sauberer, dauerhafter Verarbeitung und mit schönem, ansprechendem Ausdruck. Der Kopf ist nahtlos in Filz gepreßt mit Glasaugen,

Clown Clowni, 14 cm, 1954-1975; Wollminiatur schwarzer Kater, 3 cm, 30er Jahre; Steiff-Holzklötze „Hohlkubus", 30er Jahre.

das Mohair-Haar ist eingewoben und kleidsam frisiert. Die Unter- und Oberbekleidung ist kindlich, aus guten Stoffen, sorgfältig gearbeitet und ausziehbar. Der Körper aus gutem Filz mit Schlenkerarmen und Gelenkbeinen zum Stehen und Sitzen."

Die Puppen wurden in der unterschiedlichsten Bekleidung bis Anfang der 40er Jahre in 35 cm und 43 cm produziert und waren in den Nachkriegsjahren nochmals bis 1952 im Sortiment.

Hier allerdings nur noch in acht verschiedenen Typen und nur noch in 35 cm. Anfang der 70er Jahre stellte Steiff dann formgeschäumte Puppen aus Synthetik (waschbar) her. Gabi, Gitte, Tina und Uwe sind 45 cm groß. Zum klassischen Sammelgebiet gehören sie allerdings noch nicht.

Figuren

Erfolgreicher als Puppen waren in der Nachkriegszeit Figuren mit Gummiköpfen und bekleidete Tierfiguren aus Mohair. Durch ihre aufwendige und sehr detaillierte Kleidung sowie durch die freundliche Gestaltung der Gesichtszüge haben sie ein sehr ansprechendes Flair.

Figuren mit Gummi-/PVC-Kopf gab es erst nach dem 2. Weltkrieg, am Anfang stand der legendäre Mecki. Er und seine Familie wurden in Lizenz von Gebrüder Diehl hergestellt. Diese Igel-Figur wird in Zusammenarbeit mit dem Verlag „Hörzu" zu einem ausgesprochenen Liebling des Publikums. Wahrscheinlich wird die Firmenchronik später einmal die „Mecki-Jahre" kennen, so wie man auch noch heute von den „Bären-Jahren" um 1907 spricht. Da der Kopf in Filz nicht hergestellt werden konnte, entwickelte das Musterzeichenbüro ein Gummiguß-Verfahren. In weiteren Arbeitsgängen wurde die stachelige Perücke aufgeklebt und der Kopf am Körper befestigt. Das verschmitzte Lächeln erhielt Mecki zum Schluß mit der Spritzpistole und er wurde anschließend bekleidet.

Mecki und seine Frau Micki wurden erstmals im Katalog 1951, jeweils in 17, 28 und 50 cm Größe mit Rauhstoffkörper vorgestellt. 1953 kamen die Mecki-Kinder Macki (Bub) und Mucki (Maid) in 12 cm mit Gummi-/PVC-Körper hinzu.

Frühe Meckis und Mickis haben einen geraden „Haaransatz" auf der Stirn bei „1952-er Meckis" ist dieser bereits spitz nach vorne verlaufend. Meckis und Mickis aus der Zeit zwischen 1951 und 1953 haben teilweise wesentlich dunkler eingefärbte Gesichter als die Serien danach. Meckis und Mickis bekamen 1951/52 auch etwas anders gemusterte Hemden (rotweiß gestreift, später kariert) sowie Blusen (grob gemustert, später fein kariert) und Röcke (weiß-rot gemustert, später rotschwarz kariert).

Seit 1962 wurden Mecki und Micki auch als 9 cm große Biegefiguren angeboten. Diese gab es Mitte der 60er Jahre auch mit Fußball-Dress als Fuba und mit Dirndl als Alpa. Nur 1978 wurden die „lustigen Mackys“ angeboten. Dies sind angezogene Biege-Meckis in 10 cm, die verschiedene Berufe oder Sportler darstellen. Der Mecki ist wohl eine der meist verkauften Nachkriegsproduktionen, die Steiff hergestellt hat.

Teddy-Festival zum 100. Geburtstag von Theodore Roosevelt 1958 in Giengen. Der legendäre Mecki mußte natürlich mit dabei sein.

Das Gummigußverfahren wurde auf viele weitere Figuren ausgedehnt. Die Zwerge „Gucki“, Lucki und Pucki wurden 1953/54 eingeführt, und zwar in den Größen 13, 18 und 30 cm sowie in 55 cm für Dekorationszwecke. Im Schautierkatalog wurden sie sogar in 120 cm angeboten. Die Zwerge unterscheiden sich im Aussehen wie folgt:

Merkmal	Gucki	Lucki	Pucki
Mütze	weinrot	hellrot	dunkelgrün
Hose	dunkel blau	hellgrün	grau
Bart	weiß	rotbraun	grau

Links und rechts: Macki und Mucki, 12 cm, ab 1953; Mitte: Micki und Mecki, 17 cm, ab 1951/52; darüber: Mecki und Micki, 28 cm, ab 1952.

Urmensch Neander, 13 cm, Gummikörper, ab 1968; Max und Moritz, Biegefiguren aus Gummi, 10 und 11 cm, ab 1962.

Schäfer, Gummikopf, 19 cm, ab 1969; Pupp-Hund Waldili, als Jäger angezogen, 22 cm, 1937 - 1974, der abgebildete ist von 1962; Persianerlamm Swapl, 10 cm, 1957-1962; Jungreh, 12 cm, ab 1951.

Alle drei Größen haben einen drehbaren Kopf aus Gummi/PVC, der Körper der 13 cm großen Zwerge ist aus dem gleichen Material. Bei den 18 und 30 cm großen Zwergen ist der Körper aus Rauhstoff. Der 18 cm-Zwerg hat gescheibte Filzarme und starre Beine. Bei der 30 cm-Version sind Beine und Arme gescheibt. Alle sind ohne Stimme.
Eine weitere bekannte Figur wurde Anfang der 50er Jahre der Clown Clownie. Häufig ist die Ausführung mit weißem Leinenhemd (getupft), blauer Leinenhose mit aufgenähten Filzflecken und schwarzem Hut. Es gab ihn in 14, 19 und 43 cm Größe bis 1975. Die 43 cm-Version hat Glasaugen, und der Kopf ist nicht

Links: Santa Claus, Replik, 19 und 28 cm, 1984 - 1988; rechts: Santa Claus, Original, 13 und 31 cm, ab 1953; Rentiere, Renny, 14 cm, 1956 - 1970.

Zwerge: Gucki, Lucki und Pucki, 13 cm, ab 1953/54 - 1973. Farbliche Unterschiede: s. Text-Tabelle. Alle mit Drehkopf und Gummikörper, Filz-Leinen-Kleidung, Mohairbart.

drehbar. Seltener ist das Modell mit grüner Filzweste und schwarzer Filzhose. Es gab ihn nur in der alten Gummiqualität, und daher haben nur wenige Exemplare überlebt. Weitere Figuren sind der Matrose Mat, in 14 und 19 cm Größe, 1954; der Weihnachtsmann Santa Claus, in 13, 18 und 31 cm ab 1953/54. Der Kopf des Weihnachtsmannes wurde mit der gleichen Gußform hergestellt, mit der auch die Zwerge produziert wurden. Sehr kurze Zeit gab es in den 50er Jahren den Cowboy in 12 und 17 cm sowie den Larifari (nach Diehl-Film) in 32 cm. Länger im Programm waren der Schäfer, in 35 cm ab 1958 und in 19 cm ab 1969; der Schlenker-Harlekin ab 1969; die Schlenkerpuppe Cappy ab 1963 und das Sandmännchen Sandy in 29 cm ab 1965. Seltener sind die Biegefiguren Max und Moritz in 10 bzw. 11 cm ab 1962 und der Urmensch Neander, in 13 bzw. 19 cm ab 1968.
Besonders interessant für den Sammler sind Werbemittel-Figuren, die nicht im offiziellen Verkaufsprogramm waren. Fast unbekannt sind hier der Maggi-Koch Fridolin, der Stonsdorf-Zwerg, der Tele-Maxl und der Niki-Tiki aus einer Schweizer Fernsehsendung. Ein Feuerwehrmann mit der alten Gummiqualität in 43 cm Größe wurde speziell für eine Fabrik gefertigt, die Feuerwehrautos herstellt.
Findet der Sammler heute Figuren aus den frühen 50er Jahren, so haben die Gesichter meistens Risse oder sie sind porös. Bei den kleineren Figuren, die einen Körper, Arme und Beine aus Gummi haben, ist dieser manchmal eingefallen, rissig und klebt. Dies kommt durch einen natürlichen Alterungsprozeß der alten Gummiqualität, er läßt sich jedoch nicht aufhalten. Ende der 50er/Anfang der 60er Jahre wurde das Material der Köpfe und Körper nach und nach von Gummi auf PVC umgestellt. Figuren aus PVC sind wesentlich haltbarer.

Tierfiguren

Kuschelige Tiere in Form einer Puppe, mit unterschiedlichster Kleidung zum An- und Ausziehen, waren die Lieblinge der Kinder, aber leider auch schon in den 50er Jahren verhältnismäßig teuer.
Der viele Jahrzehnte hergestellte Dackel Waldi wurde bereits 1937 in 28 cm zum Jäger und mit grünem Filzanzug und Gewehr aufrecht stehend als Figur angeboten. Später kam er dann 22 cm groß als Pupp-Hund Waldili wieder und blieb bis 1974 im Verkauf.
Weitere Pupp-Tiere der frühen 50er Jahre sind die Hasen Hansili und Nikili in 25 und 35 cm, das Hundepaar Bazili, 23 cm, nur 1950 bis 1955, Fuchs und Füchsin Fixili, 25 cm und der Pavian Coco, 28 cm, als Liftboy bekleidet. Osterneuheiten 1954 waren ein kleines Pupp-Hasen-Paar Bibbie und Bib, 12 cm groß, mit Körbchen auf dem Rücken und die gestiefelten Kater Lixie und Lix in der gleichen Größe.
Ein sehr liebliches Spielzeug für kleine Puppen-Mütterchen, die lieber mit Teddys spielen, war Teddyli, ein gekleideter Bär mit Mädchen- und Jungenkleidung zum An- und Ausziehen. Der Kopf aus weichem Wollplüsch, die weiße, eingesetzte Wollplüsch-Schnauze und der offene Filzmund geben diesem Teddyli ein allerliebstes Aussehen. Es hat braunschwarze Glasaugen, eine längs gestickte braune Nase, die Krallen sind braun aufgespritzt. Die Arme sind am Körper locker angenäht, hängend und wie der Körper und die Beine aus Rauhstoff, Hand- und Fußrücken sind aus weißem Wollplüsch. Die Beine sind starr, Pappscheiben in den Sohlen geben dem Teddyli ein gutes Standvermögen. Im Bauch befindet sich eine Druckstimme, insgesamt ist

Links: Teddyli, 25 cm, maisfarbener Wollplüsch, US-Fahne, 1951-1955; rechts: dunkelbraunes Teddyli, 25 cm, Mohair, US-Fahne, 1950-1958; vorne: Hasenpärchen Bib und Bibbie, 12 cm, Gummikörper, Mohairkopf, 1954-1962.

Bibbie

Gestiefelte Kater Lix und Lixie, 13 cm, Gummikörper, Kopf und Schwanz aus Mohair, Filz-/Leinenkleidung, ab 1954.

Hasenbub und Hasenmaid Nikili, 26 cm, in unterschiedlicher Kleidung. Pärchen links: 1958 - 1962, Pärchen rechts: 1951-1957. Beim rechten Hasenbub fehlen die Hosenträger, das Taschentuch und die Fliege um den Hals.

Teddyli mit Holzwolle fest gestopft. Am rechten Bein ist die Fahne „Made in US-Zone Germany" eingenäht. Teddylis gab es nur in 25 cm Größe.

Das Teddyli (Bub) wurde mit blauer Hose mit roten Hosenträgern, weißem Hemd und schmalem, gemustertem Schal angeboten. Im unbespielten Zustand mit vollständiger Original-Kleidung ist diese Version sehr beliebt, aber auch sehr selten. Etwas mehr bekannt ist ein Teddyli-Paar aus dunkelbraunem Mohair mit rotem Bolero-Jäckchen, weißer Bluse, grünem Röckchen bzw. schwarzer Hose.

Mitte der 50er Jahre wurde das Angebot der

bekleideten kleinen Pupp-Tiere erweitert. Hinzu kamen Quaggy, eine Ente im blau/weißen Matrosenanzug; Kiki, ein Kücken mit rot/weiß gestreiftem Kleid; Pippy, eine Maus in rotem Frack und schwarzer Hose; der Schimpanse Cocoli in blauem Frack und karierter Hose und Teddyli in erdbeerfarbener Trägerhose. Alle sind 12 cm groß.
In den 60er/70er Jahren kommen einige beleidete Hasen hinzu. Ossili, 30 cm, mit grüner Schürze und roter Krawatte; der Pupp-Hase Zappy aus Dralon; Yella und Yello, in 20 cm, mit rot/blau gestreifter Kleidung; die Ski-Haserln, Invalide Knupfi mit bandagiertem Bein, Armbinde und abgebrochenem Ski-Stock und Hupfi mit Ski und Stöcken. Nicht gerade gesund für Kinderzähne waren die 15 cm großen Betthupferltiere, bzw. das Darunterbefindliche, Süßigkeiten die als Geschenk für den Nachttisch gedacht waren. Es gab vier unterschiedlich gekleidete Hasen und Teddy, Katze, Hund und Fuchs.
Eine gesuchte Figur der 80er Jahre ist das grüne Männchen. Es wurde für IFS Brüssel 1982 hergestellt, ist 35 cm groß und selten, da es damals nicht zu den beliebtesten Tieren zählte. Kleine Jungen mochten es vielleicht gerne haben, jedoch die Eltern standen zur damaligen Zeit einem Marsmännchen im Kinderzimmer eher ablehnend gegenüber.

Handspieltiere und -puppen

Früher hießen sie beim Puppenspieler, der noch Anfang dieses Jahrhunderts sehr viel populärer war, Kasperle-Puppen.
Ob eine stumme und starre Handspielfigur lebendig wird, hängt davon ab, ob der Spielende diese Kunst beherrscht und wieviel Phantasie der Zuschauer selbst in seine eigene Betrachtungsweise hineinlegt.
Erstmals erschienen 1913 unter der Bezeichnung Kasperlfiguren Schimpanse, Bär, Hund Charly und Katze, alle aus Mohair. 1949 erschienen nur drei Bi-Ba-Bo-Handspieltiere: Schimpanse, Teddy und Löwe.
Erst Anfang der 50er Jahre kommen Hase, Hund Molly, Katze, Boxer Sarras und ein neues Foxterrier-Modell hinzu.
Mit Gummi-/PVC-Köpfen werden Mitte der 50er Jahre der Igel Mecki und der Zwerg Gucki hergestellt. Als zusätzliche neue Tierarten kommen Tiger, Bully, Krokodil, Weihnachtsmann, Wolf, Pudel, Eule und schwarzer Kater hinzu.
Die 60er und 70er Jahre brachten Eichhorn Possy, Mungo, Frosch, Mopsy-Hund, Pinguin, Rabe, Dachshund Lumpi, Cocker-Spaniel, Huhn, Henne, Papagei, Clown, Eichhörnchen Hopsi und Smardy-Fuchs mit dickem Mohair-Schwanz.
Selten sind die Mimic-Tiere Tessie, Dally und Biggie, die nur 1958/59 im Sortiment waren.
Ab Mitte 60er/Anfang 70er Jahre gab es „Zipper-Tiere“, Zotty, Nauty (Eisbär), Panda und Hase. Ihr Körper ist eine Tasche mit Reißverschluß. Diese „Zipper-Tiere“ können zugleich als Handspieltiere benutzt werden.
Handpuppen- und tiere werden meistens als Randerscheinung zu einer Steiff-Tier-Sammlung oder zur Ergänzung und Dekoration einer Puppensammlung gekauft, aber nicht hoch eingeschätzt, die meisten Arten sind häufig. Ausnahmen sind: Kaminfeger Blacky, Handschlange Snaky und Schneemann Sneba,

Handspieltiere, Auszug aus dem Steiff-Hauptkatalog 1966/67.

Steiff

Gewicht kg	Packung	Serie und Nummer	Höhe Inches
Handspieltiere			
Mohairplüsch, wenn nichts anderes angegeben ist			
650 Hand Schimpanse			
0,050	4	650/0317,00	6
652 Hand Mungo (Buntaffe)			
0,070	4	652/0318,00	6
656 Hand Teddy			
0,070	4	656/0317,00	6
658 Hand Froggy (Frosch)			
Plastik/Samt, Maul beweglich			
0,080	4	658/0417,00	6
660 Hand Hase			
0,070	4	660/0317,00	6
662 Hand Mopsy			
0,070	4	662/0317,00	6
664 Hand Foxy			
0,070	4	664/0317,00	6
666 Hand Katz			
0,070	4	666/0317,00	6

55

Gewicht kg	Packung	Serie und Nummer	Höhe Inches
Handspieltiere (Forts.)			
667 Hand Kater			
0,060	4	667/0717,00	6
669 Hand Rabe			
(Schnabel bewegbar)			
0,060	4	669/0317,00	6
671 Hand Uhu „Wittie"			
0,080	4	671/0317,00	6
678 Hand-Schlange „Snaky"			
0,070	4	678/0320,00	8
680 Hand Cockie			
0,080	4	680/0317,00	6
682 Hand Leo			
0,080	4	682/0318,00	6
684 Hand Snobby (Pudel)			
0,080	4	684/0317,00	6
686 Hand Wolf			
0,070	4	686/0317,00	6
688 Hand Tiger			
0,060	4	688/0317,00	6
690 Hand Hopsi			
Eichhorn mit Schwanz (aus der Hopsi-Fibel)			
0,070	4	690/0318,00	6
696 Hand Lumpi (Dackel)			
0,060	4	696/0317,06	6
697 Hand Krokodil			
0,090	4	697/0317,00	6
699 Hand-Smardy			
Der schlaue Fuchs, aus dem gleichnamigen Rechenbuch			
0,100	4	699/0318,00	6
703 Hand-Happy (Kasper)			
Plastik Kopf, Filzrock			
0,070	4	703/0017,00	6
704 Hand-Mecki			
0,120	4	704/0720,00	8
705 Hand-Zwerg			
0,140	4	705/0117,00	6

56

Handspieltiere und -puppen, Auszug aus dem Steiff-Hauptkatalog 1966/67.

Pekinese Peky, Dachshund Lumpi und Weihnachtsmann Santa Claus. Der Hand-Seebär mit blauer Mütze ist ebenfalls sehr selten, obwohl er erst Anfang der 70er Jahre produziert wurde.
Die Handspielpuppen mit PVC-Kopf aus den 60er/70er Jahren sind: Kasper Happy, Polizist, Räuber, Lese-Peter, Hänsel, Gretel, Oma Lulia, König, Prinzessin, Hexe, Teufel, Cowboy, Zauberer, Maxifant und Minifant und eine weitere Art Handkasper in grüner Filzkleidung. Sie zählen eigentlich heute noch nicht zum Sammelgebiet. Meist sind sie aber günstig zu bekommen und gelten dann unter dem Aspekt der Komplettierung durchaus als sammelwürdig.

Wollminiaturen

Als Anfang der 80er Jahre das Sammeln von Steiff-Tieren immer aktueller wurde, gab es dennoch kaum Sammler von Wollminiaturen. Nur wenn sie günstig zu bekommen waren, wurden sie als kleines Beiwerk und Spielzeug für alte Puppen gekauft. Später gehörten kleine Wollhasen, Enten und Vögel zur Osterdekoration. Ernsthaft gesammelt wurden die kleinen Wolltiere, auch Pompons genannt, erst seit etwa 1991. Es gibt Sammler, die nur Woll-Tiere und -Figuren aus der Zeit vor 1940 sammeln. Das hängt nicht allein mit dem Sammlerwert zusammen, sondern mit dem Wissen, daß die Firma Steiff in den 30er und 40er Jahren eine Typenvielfalt produzierte, die nach 1950 in dieser aufwendigen Arbeitsweise und Farbkombiniation nicht mehr gegeben war. Bestimmte Ausführungen der 30er Jahre, z.B. Bären und Figuren aus feiner Nomotta-Wolle mit innenliegendem, beweglichem Drahtgerippe, haben einen vielfach höheren Wert im Vergleich zu Wollvögeln der 60er Jahre mit Kunststoff-Füßen.
Ursprünglich wurden die Wollminiaturen von Steiff als preiswertes Mitbringsel für Kinder produziert. Als Neuheit werden die ersten Wollminiaturen im Steiff-Nachtragskatalog von 1931 angeboten: farbenfrohe, 8 cm große Vögel mit Glasaugen und Drahtfüßen.
Ein Starenhaus ist aus feinem Hartholz naturlackiert, vor dem Nistloch sitzt auf einem Holzstift ein Fink. Die gleiche Ausführung gab es auch als Spardose. Diese zwei Arten von Vogelhäuschen wurden bis in die 60er/70er Jahre hinein angeboten. Alle Wollminiaturen wurden von Steiff mit Knopf und Fahne gekennzeichnet. Tiere mit Ohren haben sie im linken Ohr, die anderen am Fuß angebracht oder am Körper in der Wolle eingenäht. Diese Anbringung war nicht so haltbar wie bei größeren Mohairtieren.
Während des 2. Weltkrieges wurden die Wollminiaturen nicht mehr so zahlreich angeboten,

Steiff

Gewicht kg	Packung	Serie und Nummer	Höhe Inches
Woll-Miniaturen (Forts.)			
716 Woll-Eichhorn			
0,006	12	716/4505,43	2
720 Woll-Ente			
0,003	12	720/1504,41	1 1/2
0,009	12	1506,41	2 1/2
bunt			
0,009	12	1506,47	2 1/2
liegend			
0,006	12	720/2505,41	2
722 Woll-Gans			
0,005	12	722/2505,44	2
724 Woll-Hahn			
0,009	12	724/1508,47	3 1/4
725 Woll-Henne			
0,009	12	725/1508,44	3 1/4
726 Woll-Küken			
0,003	12	726/1504,41	1 1/2
0,005	12	1506,41	2 1/2
729 Woll-Katze			
0,006	12	729/3505,40	2
735 Woll-Maus			
weiß —,44, grau —,45			
0,005	12	735/2504,44–45	1 1/2
737 Woll-Marienkäfer			
0,002	12	737/1503,40	1 1/4
0,003	12	1504,40	1 1/2
739 Woll-Pinguin			
0,005	12	739/4508,46	3 1/4
741 Woll-Pudel			
weiß —,44, grau —,45, schwarz —,46			
0,005	12	741/1506,44–46	2 1/2
743 Woll-Rabe			
0,010	12	743/1508,46	3 1/4
745 Woll-Schwan			
0,007	6	745/2508,44	3 1/4
747 Woll-Taube			
0,010	6	747/1506,40	2 1/2
757 Starhaus			
0,050	6	757/7807,40	3 1/4
als Spardose			
0,050	6	7808,40	3 1/4

58

Wollminiaturen, Auszug aus dem Steiff-Hauptkatalog 1966/67.

Wollminiaturen, Auszug aus dem Steiff-Hauptkatalog 1966/67.

Gewicht kg	Packung	Serie und Nummer	Höhe Inches

Woll-Miniaturen
aus feiner Nomotta-Wolle

710 Woll-Vogel, 5 Farben

0,003	12	710/6504,41–45	$1^1/_2$
0,006	12	6508,41–45	$3^1/_4$

712 Exotenvogel, 4 Farben

0,006	12	712/1509,41–44	$3^1/_2$

714 Woll-Hase, 5 Farben

0,005	12	714/2504,41–45	$1^1/_2$
0,010	12	2506,41–45	$2^1/_2$

57

wie Anfang und Mitte der 30er Jahre. Nach dem Krieg wurden einige frühe Modelle wieder ins Programm aufgenommen.
Im Hauptkatalog der Firma Steiff 1954/55 sehen wir aus feiner Nomotta-Wolle: Rotkehlchen, Spatz, Meise, Taube, Rabe, Ente, Hahn, Henne, Kücke, Ente, Mäuse, Marienkäfer, Hasen und einen Vogelbaum mit vier Exotenvögeln, die auch einzeln angeboten wurden. Außerdem im Angebot: ein 45 cm großer Vogelbaum mit 24 Wollvögeln.
Um 1956/57 wurden die Füße von Draht auf Kunststoff umgestellt. Dies gilt nicht für Rabe, Ente, Hahn und Henne die bis Anfang der 70er Jahre mit Drahtfüßen produziert wurden. Ein Eichhörnchen mit rotem Wollball ist sehr beliebt, seltener sind Stinktier, Möwe, Pudel und Katzen mit Halsschleifchen.
Woll-Korallenfische, Woll-Kolibris, Pinguin, Schwan, Maikäfer, Frösche, verschiedenfarbige Papageien, Eule, Storch, Mobiles mit Fischen, Vögeln, Feldermäusen und Möwen kommen Ende der 60er/Anfang der 70er Jahre hinzu.
Interessant sind die Bremer Stadtmusikanten aus Filz und Wolle als Fingerspieltiere. Das Sortiment besteht aus Esel, Hund, Katze und Hahn. Mit Aufstellständer sind sie selten.
Bis in die 70er Jahre blieb das Wollminiatur-Sortiment weitgehend unverändert. Vereinzelt wurden sie noch bis Ende der 70er Jahre angeboten.

Das Fertigungsprogramm der 50er Jahre

Um die heutige Popularität der Steiff-Tiere und ihre Verbreitung über die ganze Welt zu erreichen, war die Schaffung einer großen, leistungsfähigen Organistaion für Fertigung, Verkauf und Vertrieb nötig. Um zu Markenartikeln werden zu können, mußten Steiff-Tiere eine hervorragende Qualität in Material und Verarbeitung, Schönheit der Form und einen lebensechten Ausdruck besitzen. In den Anfängen und bis in die 30er Jahre hinein war noch eine große Anzahl von Artikeln aus Samt, Filz und unterschiedlichsten Stoffarten hergestellt worden. Später verlangten die Käufer dann fast nur noch solche aus Mohairplüsch.

Steiff-Tiere und -Teddybären wurden in den 50er Jahren überwiegend aus Mohairplüsch gefertigt. Er ist kein künstliches Produkt der chemischen Textilindustrie, sondern die edelste tierische Faser, welche von der Mohairziege stammt, die am Cap in Südafrika und in der Türkei in Herden gehalten wird. Schöner Glanz und besonders guter Stand zeichnen das Mohair aus. Deshalb eignet es sich wie fast kein anderes Material zur naturechten, dauerhaften Nachbildung des tierischen Pelzes. Das Rohhaar wird unter bestimmten Bedingungen weiterbehandelt und zu Garn versponnen, welches dann von Plüschwebern auf besonderen Webstühlen, zusammen mit dem Baumwollgrund, zum Mohairplüsch verarbeitet wird.

Wie seit Mitte der 50er Jahre in vielen Arbeitsgängen und Handgriffen das große Steiff-Sortiment schönster Tiere aus Heimat und Wildnis entstehen konnte, ist nachfolgend geschildert.

Es liegen große Ballen von Mohairplüsch und Filz bereit. Auf langen Tischen werden fortlaufend auf die Rückseite des Stoffes die Zuschnitte und Stoffteile unter größtmöglicher Ausnutzung des Stoffes aufgezeichnet. Danach werden die Teile ausgeschnitten und in Holzkästen gesammelt. Kurzfloriger Plüsch, der besonders für die kleinen Tiere Verwendung findet, wird ausgestanzt. Die ausgestanzten oder geschnittenen Teile gehen in die Näherei. An langen Tischen sitzen Frauen und Mädchen an elektrischen Nähmaschien und nähen nach vorgeschriebenem Plan diese „Tierhaut" linksseitig zusammen. Dann wird der genähte Körper wie ein Handschuh an einer Vorrichtung gewendet. Die leere Haut ist nun fertig. Aber noch ist es ein weiter Weg zum Teddy, Elefanten, dem Hund oder der Katze.

Reittiere erhalten das tragfähige Stahlgerippe, das in einer besonderen Abteilung zusammengeschweißt wird.

In der „Fertigreihe" stopfen Männer und Frauen mit Kraft und Geschick die Teile mit einer Spezial-Holzwolle aus. Besonders weiche Tiere für das Kleinkind erhalten eine Füllung aus Reißwolle. Bei gegliederten Tieren werden dann mittels Pappe und Metallscheiben und einem Nagel Körper, Kopf und Gliedmaßen zusammengefügt. Jetzt schließt sich auch die letzte Öffnung am Tier, und allmählich erkennt man, was es werden soll. Nun bekommt die Garniererin das Tier in die Hand. Sie verleiht ihm durch das Annähen der Ohren, Einziehen der Augen und Sticken der Krallen und Schnauze den lebensechten Ausdruck.

Nur ausgesuchte Materialien, bestes Perlgarn und einwandfreie Glasaugen werden verwendet, so daß Steiff-Tiere auch stürmischer Liebkosung standhalten. Durch eine Zwischenkontrolle vergewissert sich der Meister, ob die Arbeitsgänge richtig und sauber ausgeführt sind. Mit Kamm und Bürste werden die Spuren der bisherigen Verarbeitung beseitigt.

Jetzt kommt der letzte Schliff! So wie das „make-up" der Dame letzte Verschönerung vor dem Schritt in die Öffentlichkeit bedeutet, so erhält jedes Steiff-Tier seinen charakteristischen Ausdruck, die Zeichnung und Schattierung auf Rücken, Kopf und Ohr durch die Spritzpistole. Eine letztmalige Prüfung auf Sitz und Aussehen schließt sich an. In rascher Folge bekommt das Tier seine Zutaten, ein rotes oder blaues Seidenband, ein Glöckchen am Lederhalsband oder Sattel und Zaumzeug. Es darf auch die Stimme nicht vergessen werden,

die fast jedes Tier beim Stopfen eingebaut bekommt. Diese Quietsch-, Brumm- und Piepstimmen werden in einer eigenen Stimmenmacherei hergestellt. Zu allerletzt erhält jedes Steiff-Tier sein Gütezeichen, den bekannten „Knopf im Ohr".
Nach diesen Vorgängen, die ein Steiff-Erzeugnis durchlaufen muß, legen Verpackung, Lager und Versand die letzte Hand an, ehe die Reise in die Speilwarengeschäfte angetreten werden kann.
Zum Fertigungsprogramm der Firma gehören auch noch der langerprobte Steiff-Roloplan, ein unverwüstlicher flugsicherer Drachen, die Holz- und Kindersportfahrzeuge und Holzbauspiele. Hier steht eine eigene große Schreinerei zur Verfügung.
Ferner unterhält die Firma Steiff Spezialabteiungen, die in den eigentlichen Fertigungsprozeß nicht eingeschaltet sind, ohne die aber ein Steiff-Tier erst garnicht „geboren" werden könnte. Es sind dies die technischen Büros und das Musterzeichenbüro. Im Musterzeichenbüro werden Neuheiten erdacht, in vielen Versuchen verbessert und so fabrikationsreif gemacht, daß sie serienmäßig in die Fertigung gehen können. Eine ganz besondere Stellung nimmt die Schaustückabteilung der Firma ein. In Zusammenarbeit mit anderen Werkstätten des Betriebes baut ein besonderer Stab von Mitarbeitern in oft monatelanger Arbeit den sinnreichen Mechanismus und stellt die zahlreichen Sonderfiguren und Tiere her, die dann ihre eigenen, ideenreichen Bewegungsabläufe vollziehen. Sie werden für Großschaustücke auf Messen oder für großangelegte Werbezwecke neben denen aus der laufenden Kollektion gebraucht. Diese Schaustücke bedecken oft eine Fläche von 100 qm und mehr. Wenn sich dann alles bewegt, dreht, tanzt und pendelt, gibt es niemanden, der nicht entzückt wäre. Diese Abteilung stellt auch laufend kleinere Schaustücke und Dekorationshilfen für die Schaufenster der Spielwarenhändler her.
Fleißige Hände schaffen aus bestem Material die große Steiff-Kollektion nach dem Wahlspruch der Gründerin Margarete Steiff: „Das Beste ist für unsere Kinder gerade gut genug."

Herstellungsbedingte Merkmale

Sammler sind oftmals unsicher, sie wissen nicht, wie sie die unterschiedlichen Teddy-Gesichter altersmäßig deuten können.
Die Kopfform eines Teddys wird von der Anordnung der Ohren entscheidend geprägt und bestimmt.
Aber nicht nur der Ohrdurchmesser verändert sich im Laufe der Jahre, sondern auch der Ohrenabstand. Dies hat zur Folge, daß der Bär einen anderen Ausdruck bekommt. Weit auseinanderstehende Ohren lassen einen Teddy-Schädel markant und trapezförmig erscheinen. Dagegen lassen näher beieinanderliegende Ohren den Teddykopf rundlich und dicker wirken.
Die Nasengarnierung ist ein wichtiges Kriterium des Teddy-Gesichtes. Der Fadenverlauf der Nasengarnierung, ob quer oder längs, ist eine Frage der Größe und des Alters. Die Stärke der Garne richtet sich ebenfalls nach der Größe der Bären oder der Plüschqualitäten. Die Farben der Garne sind vorwiegend schwarz oder braun, bei weißen Teddys sind sie manchmal hellbraun bis beige/rosa. Mit der Garnierung kann der Gesichtsausdruck stark beeinflußt werden. Ein zu weit nach unten gezogener Faden am Maul läßt den Teddy traurig dreinschauen. Wird der Faden jedoch weiter nach oben, seitlich breiter gezogen, blickt er freundlich und lächelt.
Erst so richtig „lebendig" wird ein Teddy durch seine Augen. Schöne Teddyaugen können zu uns sprechen, traurig blicken, melancholisch, spitzbübisch, aber auch wie ein Dummerle. Je nachdem, wie die Augen angeordnet sind. Liegen sie tief eingezogen im Fell, wirkt der Teddy nachdenklich oder ernst. Durch eng beieinanderliegende Augen bekommt mancher Teddy einen sogenannten „Silberblick".

Markenzeichen und andere Identifizierungsmerkmale

Frühzeitig erkannte Franz Steiff, daß die Kennzeichnung der Artikel und die Propagierung des Firmenzeichens für den Verkauf von großem Vorteil sei.

Knöpfe

Oben: Steiff-Knopf mit Druckbuchstaben, 1950-1952; Mitte von links: Nachkriegs-Knopf mit Schreibschrift, 1950-1969/70; gleicher Knopf wie vor, bei Wollminiaturen bis Mitte 70er Jahre; Linsenknopf, 1969/70- 1978/79; unten: zweiteiliger goldfarbener Messingknopf ab 1979; der gleiche Knopf wie vor, jedoch ohne Steiff-Prägung für 2. Wahl-Tiere, ab 1984.

Vom 1. November 1904 bis 1905 gab es einen Knopf mit herausgeprägtem Elefanten.
1905 bis 1909 wurde ein blanker Knopf ohne Prägung mit 4 und 6 mm Durchmesser verwendet.
1905/06 kam ein Knopf mit herausgeprägtem Steiff-Schriftzug in Druckbuchstaben, letztes F nach vorne bis zum E heruntergezogen. Dieser VK = Vorkriegsknopf wurde nahezu unverändert mit wenigen Unterbrechungen bis 1950 in die Ohren der Bären oder Tiere geklemmt.
Zwischen 1946 und 1948 wurden größtenteils blanke Knöpfe ohne Steiff-Schriftzug in den Ohren befestigt.
Um 1950 kam ein Druckbuchstabenknopf (Schrift weit auseinandergezogen) ohne heruntergezogenes F in 8 mm Durchmesser, silbrig glänzend, teilweise sogar bunt schillernd (angelaufen, oxidiert). Belegexemplare in unserer Sammlung deuten auf eine übergangsweise Verwendung bis 1952, mit und ohne US-Fahne, hin. Ab 1950 wurde dann der Nachkriegsknopf (im folgenden NK-Knopf genannt) eingeführt. Er ist silbrig glänzend, flach und mit erhabener (herausgeprägter) Schreibschrift. Je nach Größe der Tiere wurde er in den Durchmessern 4, 5, 6 und 8 mm in die Ohren geklemmt. An den frühen Exemplaren dieses NK-Knopfes treten teilweise Roststellen auf. Verwendet wurden diese NK-Knöpfe bis 1969/70, bei Wollminiaturen noch bis weit in die 70er Jahre hinein. Die bis zu diesem Zeitpunkt verwendeten Knöpfe wurden von zwei umgebogenen Krampen im Stoff gehalten.
Ab 1969/70 wurden dann silberfarbene, linsenförmige Knöpfe (im folgenden Linsenknopf genannt) verwendet. Der „Steiff-Schriftzug" ist in Schreibschrift eingeprägt. Es gibt den Linsenknopf mit 5 und 6 mm Durchmesser. Er ist von hinten als Hohlniete ausgebildet und wurde bis 1978/79 verwendet. Danach kam der zweiteilige goldfarbene Messingknopf mit 9 mm Durchmesser. Er ist leicht gewölbt mit eingeprägtem „Steiff"-Schriftzug in Schreibschrift.
1984 wurde der gleiche Knopf ohne Schriftzug (blank) für Tiere der 2.Wahl eingeführt. Hierbei handelt es sich um Tiere, die bei der genauen und sehr strengen Endkontrolle aus verschiedenen Gründen (schiefe Naht, Augen in unterschiedlicher Höhe eingezogen, schiefe Schnauzengarnierung usw.) ausgesondert wurden. Diese Mängel sind oftmals für den Käufer kaum erkennbar, sodaß die Tiere vom Ausdruck her in einwandfreiem Zustand sind.
In der Übergangszeit vom Linsenknopf zum zweiteiligen Messingknopf, zwischen 1977 und 1979, gab es für kurze Zeit einen flachen goldfarbenen Messingknopf (5 mm Durchmesser), mit herausgeprägter Schreibschrift (Steiff), vergleichbar mit dem NK-Knopf.
Die angegebenen Jahreszahlen verstehen sich als Anhaltspunkte, da bei einem Wechsel der Knopfart dennoch erst einmal die alten Knöp-

fe aufgebraucht wurden. So kommt es vor, daß sich der Wechsel je nach Knopf-Größe zu unterschiedlichen Zeiten ergeben hat. Da bei kleinen Tieren kleine Knöpfe verwendet wurden und diese häufiger im Handel waren, ist anzunehmen, daß kleine Knöpfe auch schneller aufgebraucht waren.
Zudem mußte für den Schriftzug ein separater Stempel (Prägewerkzeug) angefertigt werden. Dieser Aufwand wurde z.B. nach dem 2. Weltkrieg nicht betrieben, daher auch die blanken Knöpfe ohne Prägung. Die Lebensdauer solcher Knopfstempel ist begrenzt, sodaß diese erst gegen neue Stempel ausgetauscht wurden, wenn die alten total abgenutzt waren. Ein festgelegter Stichtag, an dem die Knöpfe von der einen zur anderen Art umgestellt wurden, ist also mehr als unwahrscheinlich.
Auf diese Weise entstand der „Steiff Knopf im Ohr" als Schutzmarke aller Steiff-Tiere. Sie hat sich seit ihrer Einführung über Jahrzehnte hinweg als einprägsames Warenzeichen und wohlklingender Werbeslogan der Firma Steiff durchgesetzt und bis heute gehalten. Der Knopf, übrigens immer im linken Ohr (vom Tier aus gesehen), ist für Sammler von Plüschtieren sowohl ein wichtiges Qualitäts- als auch Identifizierungsmerkmal. Leider sind die Knöpfe oftmals von den Eltern entfernt worden oder beim Spielen verlorengegangen, sodaß die Erkennung und Altersbestimmung recht schwer ist.

Fahnen

Die sogenannten Schützzettel, die mit dem Knopf im Ohr befestigt werden, heißen in der Sammlersprache „Fahne". Das Material ist Papier, Papier mit gitterförmiger Textileinlage, beschichtetes Leinengewebe oder gewebter Stoff.
Fahnen wurden wohl erst ab etwa 1908/10 an den Tieren angebracht. Sie haben je nach Alter unterschiedliche Farben. Bis 1925 waren die Fahnen weiß.
Von 1926 bis 1934 wurden rote Fahnen aus

Obere Reihe links: US-Fahne 1949-1953/54. Rechts: Gelbe Fahnen aus beschichtetem Leinen wurden von 1950-1980 verwendet. Die abgebildete Fahne gibt es bis Mitte der 50er Jahre, danach wird sie um ca. 0,5 cm länger mit der Aufschrift „Preis-Price" (freies Feld für Preisauszeichnung). Die Artikel-Nr. mit dem Komma wird bis 1967 verwendet. Unten links: Gesetzlich geschützter Armring (bei Puppen ab 1922). In Verbindung mit Fahne und Knopf ab 1937. Die Abbildung zeigt die vorwiegend bei Gummifiguren verwendete Version aus den 50er/60er Jahren. Unten Mitte: Gelbe Fahne mit Feld für Preisauszeichnung ab Mitte 50er Jahre bis 1980. Linsenknopf 1969/70 bis 1978/79. Die Artikel-Nr. mit Schrägstrich gibt es ab 1968. Unten rechts: Doppelt gelegte gewebte Stoff-Fahne, ab 1981.

wachstuchähnlichem, beschichtetem Leinengewebe benutzt. Wenn sie ausgeblichen oder naß geworden sind, erscheinen sie heute oftmals in einem orangen Farbton. Auch aus rotem Papier sind uns Fahnen bei Wolltieren bekannt. Zwischen 1935 und 1980 waren die Fahnen gelb und aus dem gleichen Material. Allerdings wurden in der Zeit zwischen 1940 und 1951 wegen Materialknappheit zeitweise hellgelbe oder beige Papierfahnen benutzt. Diese werden oft mit den weißen Fahnen verwechselt, was dann zu falschen zeitlichen Einschätzungen führt. 1980 gab es weiße, doppelt gelegte, gewebte Stoff-Fahnen mit schwarzer Aufschrift, vornehmlich für Repliken oder Sonderauflagen. 1981 wurde ganz allgemein die gelbe Fahne aus dem gleichen Material mit roter Aufschrift eingeführt. Alle anderen, vorgenannten Fahnen haben grundsätzlich eine schwarze Beschriftung. Die übliche Beschriftung nach dem 1.Weltkrieg ist: „Steiff Original geschützt – Artikelnummer – Made in Germany". Die Rückseite blieb bis 1950 unbedruckt. Erst danach wurde sie für die Angabe der Stoffzusammensetzung, z. B. „51% Wolle – 49% Baumwolle" genutzt. Ab Mitte der 50er Jahre wurden die Fahnen um ca. einen halben Zentimeter verlängert. Sie trugen jetzt zusätzlich die Aufschrift „Preis/Price" mit einem freien Feld für die Preisauszeichnung. Bei Filzpuppen mit gepreßten Gesichtern, „Meckis", „Clownies" und vielen anderen Gummifiguren wurde die Fahne mit dem Knopf an dem als Schutzmarke eingetragenen Armring befestigt.

An alten Tieren mit dem Knopf im Ohr fehlt heutzutage oftmals die Fahne. Hier kann durch vorsichtiges Anheben des Knopfes festgestellt werden, ob noch versteckt darunter alte Fahnenreste zu finden sind, wonach die zeitliche Einordnung vorgenommen werden kann. Vorsicht ist aber geboten, wenn die Knöpfe angerostet sind! Die darunterbefindlichen weißen oder gelben Fahnenreste erscheinen in Verbindung mit Rost oftmals orange oder rot.

Obere Reihe links: Bärenkopf-Halsmarke mit eckigem, eingekerbtem Bärenkopf 1951-1953/54; rechts: Bärenkopf-Halsmarke, Bär mit runden Wangen, 1953-1971 Aufschrift mit Tiername. Untere Reihe links: Bärenkopf-Halsmarke, Bär mit runden Wangen, 1953-1971, Aufschrift „Original-Steiff" für Tiere ohne Namensgebung. Rechts: Gelb-rot geteilte Halsmarke seit 1972.

Halsmarken

Als Halsmarken bezeichnet werden die an Brust, Hals oder Halsband befestigten, meist runden Pappschilder. Es gibt sie in unterschiedlichen Aufmachungen und sie können oftmals, sofern sie noch vorhanden sind, ein wichtiges Indiz für die Altersbestimmung sein.

Die Formen und das Aussehen dieser sogenannten Halsmarken änderten sich im Laufe der Jahre. Somit hat fast jedes Steiff-Erzeugnis seine Bezeichnung sowie seine Halsmarke und ist von weitem als solches erkennbar und vor Verwechslung geschützt.

Bereits im Jahr 1898 wurden teilweise die Tiere mit einer Marke versehen. Es handelt sich um ein rundes Pappschild, auf dem ein Elefant auf Gußrädern abgebildet ist. Es wurde wohl bis 1902/03 benutzt, danach kam die „Knopfzeit", und auf die Anbringung von solchen „Elefanten-Anhängeschildchen" wurde verzichtet.

Erst 1926 besann man sich wieder darauf, Halsmarken zu verwenden. Sie sind aus weißem Karton mit einem silberfarbenen Metallrand. Die weißen Halsmarken mit Metallrand (20 mm und 30 mm Durchmesser) gab es nur bis 1928, und sie gelten heute als selten.

1928 kamen Halsmarken mit rotem Rand, mit der Aufschrift „Steiff-Original-Marke". Am unteren Rand ragt ein gelber Bärenkopf mit eckigen Wangen halb aus dem runden Pappschild heraus. Diese Halsmarke blieb unverändert bis 1950, wobei davon ausgegangen werden kann, daß in der Kriegs- und Nachkriegszeit teilweise auf die Anbringung verzichtet wurde. Es gab diese Halsmarke in 18 und 30 mm Durchmesser.

1951 veränderte sich die Form des Bärenkopfes, er blieb zwar noch eckig, aber die blauen Konturen wurden kräftiger. Die Schnauzenpartie war deutlich verändert. Die Wangen wurden dort, wo sie in das Schild übergehen (am Ohransatz), eingekerbt. Ansonsten blieb die Halsmarke unverändert bis 1953/54.

1953 begann die Umstellung auf die Halsmarke mit dem Bär mit runden Wangen. Es gibt Schild-Durchmesser mit 18, 30 und 50 mm. Das neue Schild wurde erstmals beim „Jackie-Bär" vorgestellt, zunächst noch mit braun/roter Beschriftung, kurz danach wurde auf Blau umgestellt und der Tiername oder nur „Original Steiff" auf der Innenfläche eingedruckt. Diese Halsmarke blieb unverändert bis 1971.

1972 folgte dann die gelb-rot geteilte Halsmarke in 20, 30 und 50 mm Durchmesser. Sie hat sich bis heute nicht verändert, was die Tiere aus dem normalen Kinderspielzeugprogramm betrifft. Ganz allgemein kann gesagt werden, daß Tiere mit Halsmarke von Sammlern höher bewertet werden, als wenn diese fehlt. Dies gilt vor allem, wenn auf dem Schild ein spezieller Tiername steht und nicht nur „Original Steiff“.

US-Fahnen

Ein weiteres Erkennungsmerkmal ist die sogenannte US-Fahne. Diese Kennzeichnung mußte nach dem 2.Weltkrieg auf Anordnung der Besatzungsmacht USA an allen in der US-Besatzungszone hergestellten Produkten angebracht werden. Giengen befand sich in dieser Zone, und somit traf die Anordnung auch für die Firma Steiff zu. Sie löste dieses Problem, indem sie ein Stück Leinen- oder Seidenband mit der Aufschrift: „Made in US-Zone Germany“ in eine bestimmte Naht des Steiff-Tieres mit einnähte. Die Breite ist 1 bis 2 cm, die Länge 2-3 cm.
Je nach Form des Tieres, wurde die US-Fahne mehr oder weniger sichtbar angebracht. Meist wurde sie in die Naht des rechten Vorderbeines (vom Tier aus gesehen) eingenäht. Diese Fahnen wurden beim Spiel als störend empfunden und oft abgeschnitten, sodaß heute manchmal nur noch Fahnenreste zu erkennen sind, wenn die Naht an der betreffenden Stelle auseinandergezogen wird. Die US-Fahne ist ein sehr gutes Indiz für die Altersbestimmung von Steiff-Tieren, da sie nur in der Zeit zwischen 1949 und 1953 angebracht wurde. Steiff-Tiere oder -Teddys mit der US-Fahne gelten unter Sammlern als besonders interessant.
Umfangreiche, aussagefähige Original-Unterlagen oder Kataloge alter Steiff-Produkte sind selten zu finden. Ein Sammler freut sich deshalb, wenn er ein altes Steiff-Tier mit eindeutigem Erkennungsmerkmal, dem Knopf, einer Ohrfahne oder der Halsmarke bekommt. Ist an einem alten Plüschtier kein Warenzeichen mehr vorhanden, hat es ein Sammler nicht ganz einfach, Fabrikat und Alter zu bestimmen.
Ein Tip, den wir beim Sammeln selber immer wieder beherzigen: Lassen Sie nicht gleich ein Steiff-Tier liegen, nur weil es keinen Knopf oder kein Fähnchen mehr im Ohr hat. Sammeln Sie Knöpfe und Fahnen? – Wir und auch andere engagierte Sammler nicht! Wir lieben in erster Linie das Tier und den Teddy mit allen Spuren seiner jahrzehntelangen geheimnisvollen Vergangenheit.

Nummernsystem und Größen

Steiff führte im Jahr 1905 ein neues Nummernsystem ein. Es ist eine Numerierung, aus der die Körperhaltung, die Stoffart, die Größe und zusätzliche Hinweise auf Stimme, Musikwerk, Exzenterräder, Halsmechanik usw. ersichtlich wird. Das Nummernsystem blieb, von einigen Veränderungen abgesehen, bis zum Jahr 1967 gleich. Wir möchten uns das Num-

NUMMERN-ERKLÄRUNG

Jede Ziffer hat ihre Bedeutung. Die Nummer bezeichnet genau das Aussehen des Tieres nach Serie, Stellung, Stoffart, Höhe in cm und Ausstattung.

Die Zahl vor dem Strich bedeutet die Serie (Tiername) **26**/1328,02 = Foxterrier

Die Ziffern nach dem Strich:
Tausender = Stellung

1 - - -	stehend	**1**343,2
2 - - -	liegend	**2**312
3 - - -	sitzend	**3**317
4 - - -	aufwartend	**4**322
5 - - -	gegliedert	**5**325
6 - - -	jung	**6**522
7 - - -	karikiert	**7**314
9 - - -	Mechanik	**9**335,3

Hunderter = Stoffart

- 1 - -	Filz	**1**17
- 3 - -	Mohairplüsch	3**3**17
- 4 - -	Samt	6**4**12,0
- 5 - -	Wollplüsch	6**5**22
- 6 - -	DRALON-Plüsch	6**6**20
- 8 - -	Holz	**8**95
- 9 - -	Stahl	3**9**80

Zehner und Einer = Höhe in cm

- - 22	22 cm Kopfhöhe	13**22**,0

Die Ziffern nach dem Komma = Ausstattung

- - - -,**0**	ohne Räder	1328,**02**
- - - -,**1**	Druckbalgstimme	6328,**1**
- - - -,**2**	starke Druckstimme oder Zugstimme	1328,0**2**
- - - ,**3**	Musikwerk	
- - -,**ST**	Steuerung	
- - -,**ex**	Exzenter-Räder	1310**ex**

Wichtig! Da sich die Hauptnummern wiederholen, bei Bestellung stets angeben Tiername oder Serie

Foxy 1328,02 oder **26** 1328,02

cm = inches
03 = 1¼
04 = 1½
06 = 2½
07 = 3
08 = 3¼
09 = 3½
10 = 4
12 = 5
14 = 5½
15 = 6
17 = 6½
18 = 6½
19 = 6½
22 = 8½
23 = 8½
25 = 10
28 = 11
35 = 13½
40 = 16
43 = 17
50 = 20
60 = 24
65 = 25½
75 = 29½
80 = 31½
100 = 40

Nummernsystem aus dem Hauptkatalog 1957/58.

mernsystem aus dem Hauptkatalog 1957/58 genauer ansehen. Nehmen wir das auf der Nummerntabelle aufgeführte Beispiel eines Foxys (Foxterrier) mit der Nummer 1328,02 oder 26/1328,02. Die ersten zwei Ziffern vor dem Schrägstrich bezeichnen die Serie oder Tiergattung, d.h. die „26" steht also für Foxterrier. Ab 1959 kam eine dritte Stelle vor dem Schrägstrich hinzu, um den Nummernkreis erweitern zu können. Die Foxterrier-Serien-Nummer heißt jetzt 260. 1965 wurde diese Nummer nochmals umgestellt, sie lautete ab dann 422. Die Serien-Nummer wurde nicht auf der Ohrfahne abgedruckt, sie wurde nur in Verkaufskatalogen angegeben, damit sie vom Spielwarenhändler bei seiner Bestellung im Werk genutzt werden konnte.
Auf der Fahne erscheinen nur die darauffolgenden vier bis sechs Ziffern. Die Erste besagt die Körperhaltung, wobei der Schlüssel 1 bis 7 über die Jahre gleich blieb. Während die Ziffer 8 an erster Stelle 1957 nicht belegt ist, bedeutet sie 1961: Puppen und Figuren. Die zweite Ziffer besagt die Stoffart, wobei sich hier die Bedeutungen der einzelnen Nummern im Lauf der Zeit etwas veränderten oder neue Nummern, z.B. später für Dralon, hinzukamen.
Die dritte und vierte Ziffer stehen für die Größe, gemessen bis zum Kopf, bei liegenden Tieren die Gesamtlänge in Zentimetern.
Die ein bis zwei Ziffern nach dem Komma beziehen sich auf die Ausstattung der Tiere.
In unserem Beispiel des Foxterriers besagt also die Nummer 26/1328,02 :

Ziffern:	26	=	Foxterrier
	1	=	stehend
	3	=	aus Mohair
	28	=	28 cm groß
	0	=	ohne Räder
	2	=	mit starker Druck- oder Zugstimme

Ab 1968 gab es lt. Katalog keine speziellen Serien-Nummern mehr, weil sie in das neue Nummernsystem integriert waren. Stoffart und Stellung sind nicht mehr ablesbar. Die neue Nummer für den Foxterrier hieß jetzt: 4220/28, wobei die zwei Ziffern nach dem Schrägstrich die Größe in Zentimetern bedeuten.
Die in den Katalogen angegebenen Größen differieren manchmal mit den tatsächlichen Maßen der Tiere um 1-3 cm. Das hängt mit der Handarbeit zusammen, die gewisse Toleranzen nie ausschließen kann. Zudem sind manchmal bei bespielten Tieren die Beine derart verbogen, daß auch deshalb die ursprünglich angegebenen Maße nicht mehr erreicht werden.
Eine Besonderheit beim Abmessen stellen noch die gegliederten Niki-Hasen aus den 50er/60er Jahren dar, die sitzend einschließlich langgestreckter Ohren gemessen werden.

„Worn condition" bis „excellent condition"

Folgende Beschreibungen und Erklärungen zum Zustand unserer abgebildeten Tiere haben wir nicht vorgenommen:

worn condition	= völlig abgeliebt
good condition	= gute Erhaltung
mint condition	= sehr gute Erhaltung
excellent condition	= unbepielt, neuwertig

In Gesprächen mit Sammlern haben wir festgestellt, daß die Meinungen über die jeweilige Erhaltung eines Tieres zu sehr voneinander abweichen. Es ist immer eine Auslegungssache, ob mit dem Begriff „sehr gute Erhaltung" (mint condition) der vorhandene Knopf mit Fahne oder die Halsmarke gemeint sind oder der allgemeine Erhaltungsgrad des Plüsches, der Stopfung, der Original-Augen usw. Wer noch nie einen Teddy von 1920 im unbespielten Zustand in den Händen hielt, kann sich nicht vorstellen, daß es so etwas aus dieser frühen Zeit noch gibt und hält somit einen sehr bespielten Teddy aufgrund des hohen Alters für sehr gut erhalten. Es ist eine Empfindungssache, und jeweilige Erkenntnisse und Erfahrungen spielen hier ebenfalls eine große Rolle,

Steiff-Original-Teddy, caramelfarben, 15 cm, 1955, ungewaschen.

Derselbe Steiff-Original-Teddy wie zuvor, jedoch gewaschen und aufgeplüscht.

wie der Erhaltungszustand eines Tieres vom jeweiligen Betrachter eingeschätzt wird.

Pflege und Aufbewahrung von Steiff-Tieren

Wenn die Sammlung noch nicht so umfangreich ist, findet sich immer ein dekorativer Platz in der Wohnung.
Werden es aber nach und nach immer mehr Teddys und Tiere und sind darunter auch empfindliche Materialien wie Filz, Samt, Seidenplüsch und Gummi, sollte überlegt werden, ob nicht eigens eine Vitrine empfindliche Tiere aufnehmen kann. Tiere aus Materialien, die sich nicht mehr unbedenklich säubern lassen, sollten staub- und lichtgeschützt untergebracht werden. Auch große Temperatur- und Feuchtigkeitsschwankungen müssen vermieden werden. Die alten Stimmen im Innern der Tiere können brüchig werden und geben dann keinen Ton mehr von sich. Mohairtiere, sofern sie nicht gerade weiß sind, müssen nicht unbedingt hinter Glas aufbewahrt werden. Wichtig ist, daß sie von Zeit zu Zeit mit einem Staubsauger oder einer weichen Bürste entstaubt werden. Nikotin und Küchendämpfe sollten vermieden werden. Sie verfärben und verfetten den Plüsch, sodaß eine Reinigung erfolglos ist.
Ein altes Tier sollte genauestens nach Motten, Milben und Holzwürmern untersucht werden. Falls Bedenken bestehen, kann das Tier fest verschlossen in einer Gefriertüte im Gefrierschrank 2 Tage lang eingefroren werden. Diese Behandlung überlebt kein Schädling. Ein schmutziges Mohair-Tier wird entstaubt, ausgebürstet und mit einem Schwamm und Seifenschaum abgerieben. Es sollte sowenig wie möglich Nässe durch das Fell auf den Unterstoff oder die Holzwolle dringen. Auch die Filztatzen sollten nicht mit Wasser in Berührung kommen, sie könnten Flecken bekommen. Der eingeriebene Seifenschaum wird nach kurzer Einwirkungszeit so lange feucht herausgerieben, bis keine Seifenreste mehr im Fell vorhanden sind. Anschließend wird mit einem trockenen, sauberen Tuch nachgerieben und gebürstet.
Nun kann das behandelte Teil in aller Stille ohne Sonnenbestrahlung und Heizungswärme am besten an der frischen Luft trocknen. Ist es vollkommen trocken, wird es noch einmal mit einer Bürste aufgeplüscht oder mit einem Kamm gekämmt, je nach Länge des Plüsches.
Wem diese Methode zu umständlich ist, der kann in einem Bärenfachgeschäft auch ein spezielles Bärenbad kaufen. Es ist nicht ratsam Seidenplüsch und Samt auf die oben beschriebene Weise zu säubern. Sie verlieren ihren ursprünglichen Plüschcharakter und werden hart. Bei oberflächlicher Verschmutzung reicht manchmal das Abbürsten mit einer weichen Bürste aus. Vorsicht ist beim Waschen von Filzkleidung geboten, sie kann dabei ihre Form verlieren.
Auf keinen Fall dürfen gegliederte Tiere mit Holzwollfüllung, Drahtinnengestell, Glasaugen und Filzpfoten in die Waschmaschine gesteckt werden, auch wenn es von anderen Sammlern empfohlen wird. Die Prozedur kann gutgehen, aber eine Garantie, daß der wertvolle Teddy oder das seltene Tier nicht doch bis zur Unkenntlichkeit entstellt wieder herauskommt, gibt es nicht.
Neuere Plüschtiere, wie Babyartikel, die eine Waschgarantie haben, können problemlos unter Beachtung der Waschanleitung gesäubert werden.
Hier noch eine von uns ausprobierte Methode zur Reinigung eines offenen Zottymundes: pure, feuchte Seife auf eine alte, weiche Zahnbürste streichen und damit dem Zotty die Zähne bzw. die obere und untere Filzfläche im Mund vorsichtig einbürsten. Nicht stark drücken, sonst wird der Filz zu stark aufgerauht und morsch. Die Seife etwas einziehen lassen und danach mit wenig Wasser abnehmen und ausbürsten. Nicht den Filz bis auf die Holzwolle durchweichen lassen. Mit einem weichen Läppchen nachreiben und trocknen lassen. Stärkere Schichten von angetrockneter Zottynahrung vorsichtig vorab im weichen Zustand abkratzen.

Schluß-Betrachtung

Sammeln um jeden Preis?

Wie ein Märchen liest sich die Preisliste von 1901 „Nadelkissen mit Tier“ Pf -.10, oder im Steiff-Katalog „Neuheiten F/1934“: Purzelbär, Mohairplüsch, blond mit starkem Uhrwerk, Nr.12/9318 = 4.- Mark.
Die Preise für alte Steiff-Teddybären und vereinzelt auch für alte Steiff-Tiere sind in letzter Zeit sehr emporgeschnellt. Die Anzahl der Sammler dieser Dinge nimmt ständig zu, somit steigt die Nachfrage und natürlich auch der jeweilige Preis. Trotzdem darf eine momentane Begeisterung beim Anblick eines vielleicht schon langgesuchten Tieres den Sammler nicht so betören, daß er den Bezug zwischen Kaufobjekt und Preis verliert. Gewisse Grundregeln sollte deshalb besonders der unerfahrene Sammler beachten. Die Qualität spielt eine große Rolle, ebenso die Seltenheit und das Herstellungsjahr. Ersklassige Ware hat schon immer erstklassige Preise erzielt. Eine Schlagzeile, die 1985 viele Sammler ungläubig staunen ließ: „Rekordpreis für Teddybär“, sollte mit sehr viel Realismus betrachtet werden. Ein unbespielter Bär vor 1905, in einer für die damalige Zeit sehr seltenen Größe von über 70 cm, in der empfindlichen und seltenen Farbe weiß, der einmal einen hohen Preis erzielt hat, ist kein Maßstab für alle nachfolgenden Werteinschätzungen. Hier spielen ein oder zwei Jahre bezüglich der Seltenheit schon eine große Rolle, denn die Menge der produzierten Bären ist zwischen 1903 und 1905 noch gering im Vergleich zu 1907. In diesem Jahr wurden fast eine Million Steiff-Teddybären hergestellt, sodaß hier durchaus von einer Massenproduktion gesprochen werden kann.
Alte, hochwertige Teddybären der führenden Plüschtierhersteller Deutschlands sind nach wie vor sehr gesucht und sie werden immer seltener und teurer.
Auch ist Sammeln bekanntlich eine sehr emotionelle Angelegenheit. Aus einer Euphorie heraus können durchaus bei einer Versteigerung Preise in eine unsinnige und einmalige Höhe getrieben werden. Solche Schlagzeilen sind natürlich auch sehr werbewirksam. So ist es vorgekommen, daß ein Bär, der auf einer Auktion eine utopische Summe erzielte, in der gleichen Ausführung und Beschaffenheit auf der nächsten Auktion überhaupt nicht beachtet wurde und an den Eigentümer zurückging. Sind wir doch einmal ehrlich. Auktionskataloge lesen sich schön und bei der Betrachtung der abgebildeten, manchmal fast unbespielten großen Bären aus der Zeit um 1910 bekommen die Augen eines Sammlers Glanz, er fängt an zu träumen und sucht insgeheim einen Platz in seiner Wohnung, wo sie sitzen könnten. Es bleibt meistens beim Träumen, denn welcher normalverdienende Sammler kann jeden Monat DM 15.000,-- und mehr für seine Sammelleidenschaft ausgeben? Er sucht nach Teddybären, die für ihn noch erschwinglich und trotzdem nicht neu sind. Die, die nach dem zweiten Weltkrieg das Licht der Welt erblickten, sogenannte 50er und 60er Jahr-Bären, sind in den Größen bis 30 cm im leicht bespielten Zustand durchaus noch zu realistischen Preisen zu bekommen. Ausschlaggebend ist hier, daß es sich nicht um seltene Farben wie weiß und braun handelt und daß ein unbespielter Zustand mit Halsmarke, Knopf und lesbarer Ohr-Fahne, US-Zonen-Fahne und Original-Halsschleife nicht Bedingung ist.
Daß das Sammeln von alten Steiff-Tieren und Teddybären heute kein preiswertes Hobby ist, versteht sich von selbst. Einheitliche Sammlerwerte gibt es nicht. Die Sammlerpreise wechseln sehr schnell. Hier ist eine genaue, immer aktuelle Marktbeobachtung sinnvoll.
Der Sammler sollte immer wieder einmal auf Flohmärkten, Spielzeug-Börsen, Auktionen, aber auch in Gesprächen mit anderen Sammlern den üblich realistischen Preis erfragen, um das Gefühl für den richtigen Marktwert zu bekommen. Er sollte sich auch nicht ausschließlich an Preisführern orientieren. Bis die Preise

vom Autor ermittelt und solch ein Buch erstellt wurde, vergeht eine geraume Zeit, sodaß meist nach Erscheinen eines Preisführers die Wertangaben schon wieder überholt sein können. Hier bestimmen Angebot, Nachfrage und gewisse Trends die Sammlerwerte. Als grobe Katalogübersicht für den Anfangssammler kann ein Preisführer jedoch manchmal hilfreich sein.

Für die üblichen Tiere der 50er und 60er Jahre haben sich die Preise inzwischen eingependelt, mit stetig ansteigender Tendenz. Bei den Vorkriegstieren gibt es z.Zt. noch keine einheitlichen Marktpreise.

Eine Sammlung sollte langsam wachsen, und der Sammler sollte bedenken, daß das Kaufen um jeden Preis mit dem eigentlichen Begriff des Sammelns nichts mehr zu tun hat.

Känguruh Linda,
28 cm, ab 1967

Register

Abkürzungen:
FIG Tier- u. a. Figuren
HS Handspieltiere und -puppen
WM Wollminiaturen

M

N

O

P

Q

R

S

T

U

V

W

X

Y

Z

Pupp-Hunde Bazili, 23 cm, 1950-1953

Bücher aus dem Verlag Puppen & Spielzeug

Sabine Reinelt
Lenci - Dekorativ und extravagant
Zauberwelt der Lenci-Puppen
Sabine Reinelt, die bekannte Puppenexpertin, schreibt über die berühmten Filz-Puppen aus Italien.
zahlr. Farbabb., 88 Seiten, geb., 21,5 x 29 cm, dt./engl. Text
ISBN 3-87463-156-7

Hildegard Günzel
Puppenträume/Doll Fantasies
Traumhafte Puppen von besonderem Rang
Eine der bekanntesten deutschen Puppenkünstlerinnen, Hildegard Günzel, berichtet über die gemeinsame erste Stunde neuzeitlicher Puppenkunst in Deutschland und stellt ihre neueste Kollektion vor.
50 Farbabb., 56 Seiten, geb., 23,5 x 27 cm, dt./engl. Text
ISBN 3-87463-184-2

Carin Lossnitzer
Puppenspielen, Puppensammeln, Puppenmachen
Das Buch schildert Carin Lossnitzers Lebenswerk, in dem sich die Geschichte der Puppenbewegung widerspiegelt.
Bekannt wurde sie mit ihren CARLOS-Puppen, die ersten von Künstlerhand entworfenen, industriell hergestellten Vinylpuppen für Sammler.
64 Seiten, 45 farbige Abbildungen, dt./engl. Text, 23,5 x 27,5 cm, geb.
ISBN 3-87463-201-6

Sabine Reinelt
Käthe Kruse
Die frühen Jahre
Eine umfassende, auf mehrere Bände angelegte Firmenchronik, deren erster Band „Die frühen Jahre“ beschreibt. Die Autorin Sabine Reinelt hat, um die Anfänge der in Bad Kösen gegründeten Weltfirma genau zu rekonstruieren, hochinteressante Gespräche mit Zeitzeugen geführt. Ihre neuen Erkenntnisse machen den Band unentbehrlich für Sammler und Forscher.
120 Seiten, ca. 60 farbige Abbildungen, 19,5 x 23 cm, geb.
ISBN 3-87463-202-4

Gabriele Bothen-Hack/Karin Schrey
Das Puppenparadies
Puppen von 1880 – 1920
Lassen Sie sich vom Teddy „Primus“ in das Puppenparadies entführen. Die Autorinnen haben eine wohlgehütete Puppensammlung von musealem Wert entdeckt und stellen diese exquisiten Antikpuppen zum ersten Mal vor. Primus, ein 80jähriger Steiffteddy, plaudert aus dem Nähkästchen. Er stellt seine Puppenfamilie vor, mit der er seine letzten Lebensjahre verbrachte, und zu der süße Babies, freche Gören, liebreizende Mädchen und große Damen gehören. Zu jeder Puppe weiß der Bär Interessantes, Vergnügliches, mitunter auch Besinnliches zu berichten.
108 Seiten, 75 farbliche Abbildungen, Format 24,5 x 31 cm, gebunden
ISBN 3-87463-183-4

Christa Langer
Das Glückskind
Käthe Kruse und ihre Werkstatt in Bad Pyrmont
Wichtige Jahre in der Firmengeschichte Käthe Kruses werden zusammenfassend dargestellt und die Puppen in einem umfangreichen Bildteil gezeigt.
zahlr. Farbabb., 56 Seiten, geb., 19,5 x 23 cm
ISBN 3-87463-180-x
Ulrike Zeit

Künstler machen Puppen für Kinder
Von Marion Kaulitz bis Elisabeth Pongratz
Beginnend mit den Reformpuppen des Münchener Kreises um Marion Kaulitz verfolgt dieses Buch eine Entwicklung von Puppenkünstlern wie z. B. Käthe Kruse, Sasha Morgenthaler und Lotte Sievers bis hin zu Elisabeth Pongratz, deren Anliegen es ist, dem spielenden Kind eine feinfühlig gestaltete Puppe zu geben, die nicht nur ein begehrtes Sammlerobjekt ist.
50 s/w und Farbabb., 84 Seiten, geb., 19,5 x 23 cm
ISBN 3-87463-191-5

Waltraud Rusch
Zeitzeuge Puppe
Spielzeug der Jahrhundertwende
Erstaunlich ist der überlieferte Bestand an deutschen Porzellankopfpuppen aus dieser Zeit.
zahlr. Farbabb., 108 Seiten, geb., 19,5 x 23 cm
ISBN 3-87463-179-6

Christa Langer
Charakterpuppen
Vom Portrait zum Modell
From portrait to model
Anhand bisher unveröffentlichter Dokumente und neuer Fotos werden die Vorbilder einer ganzen Reihe von Charakterpuppenmodellen bestimmt und die Künstler mit ihrer Arbeit vorgestellt. Durch bisher unbekannte Informationen kann diese interessante Periode der Puppenära nun neu belichtet werden.
108 Seiten, 60 farbige und 50 s/w Abbildungen,
deutsch/englische Texte, 24,5 x 31 cm, gebunden
ISBN 3-87463-200-8

Christiane Gräfnitz
Papiermaché Puppen
Erstmals wird das faszinierende Gebiet der Puppen aus Papiermaché umfassend dokumentiert. Die Autorin gibt Aufschluß über die Zusammensetzung des Werkstoffes, die Entwicklung des Produktionsprozesses sowie eine Charakteristik der wichtigsten Hersteller und die Merkmale ihrer Puppen. Es entsteht ein lebendiges Bild der damaligen Produktionszentren sowie der wirtschaftlichen und sozialen Entwicklung der Berufsstände.
120 Seiten, zahlreiche farbige und Schwarz-weiß-Abb.,
gebunden, 24,5 x 31 cm
ISBN 3-87463-206-7

Hänsel und Barbie
Bildsprache für Kinder
Herausgegeben von Gisela Erbslöh
und Inge Sauer
„Hänsel und Barbie“, das Buch zur gleichnamigen Wanderausstellung, spürt die gesellschaftlichen Ursachen und Zusammenhänge der neuen Bildsprache auf und illustriert den optischen Wandel mit vielen beispielhaften Vergleichen aus allen Medien. Ebenso wird die Illustrationsgeschichte von Kinderbüchern aufgerollt und die Entwicklung von Comics und Kinderfernsehen verfolgt.
120 Seiten, zahlreiche farbige und Schwarz-Weiß-Abbildungen,
23 x 29 cm, kartoniert
ISBN 3-87463-220-2

DOLL ART
Internationale Puppenszene
Die Doll Art fand im Jahre 1994 zum sechsten Mal statt. Das Wagnis von Ruth Grau, Wanke GmbH, der Künstlerpuppenbewegung mit dieser Veranstaltung neue Impulse zu verschaffen, hat der internationalen Puppenszene sehr genützt. Durch das Ansehen der Doll Art hat die Puppenkunst Anerkennung im Kunstmarkt erhalten. Der Bildband versammelt 85 auf der diesjährigen Doll Art in Frankfurt ausgestellte Künstlerpuppen und bietet damit einen Querschnitt der gegenwärtigen „Szene“.
96 Seiten, 85 Farbfotos
Format 23 x 30 cm, gebunden
ISBN 3-87463-221-0